D1727395

Hartmut Kraft

Fantasies of Greatness and Creativity

with a visual contribution
by Thomas Huber

Salon Verlag

Colofon

Typograpghy and lithography:
Alfred Schiedek

Translated by
Eileen Martin, London

printing and binding:
Druckerei Steinmeie, Nördlingen

© 1999 Thomas Huber, Hartmut Kraft
and Salon Verlag

Die Deutsche Bibliothek -CIP-Einheitsaufnahme
Größenphantasie und Kreativität = Fantasies
of Greatness and creativity / Hartmut Kraft.
Mit einem Bildbeitrag von Thomas Huber. -
Köln : Salon Verlag, 1999
Text deutsch und englisch.
ISBN 3-89770-004-2

Between Megalomania and Normopathy

Talks with friends long into the night, when plans for the future are made, a good start, or maybe failure to get going, are projected to the longed-for goal – did you indulge in these flights of fancy as well? Rising together to envied heights, each willingly granting the other experience of success – there is always room at the top. But we may also remember unwelcome objections that could penetrate the all-too thin protective skin and had to be impatiently brushed aside. How else could we have saved ourselves from tumbling?

Is all that part of the past, at most to be seen in young people and a few friends who have grown old but still not got where they wanted? Or have the fantasies of greatness survived the friction of reality, the restrictions and setbacks of daily life? Certainly, they are not proclaimed now as openly as in our childhood and youth. We are quieter about them now. Perhaps, too, they have found a refuge in the daydreams we succeed in protecting from curious glances and questions. Or are you one of the people who (can) say of themselves that they have been creative and realized their great dreams?! They were not fantasies, they were realistic projections by the imagination of a future you were quite capable of designing and achieving!

I have asked myself these questions and I have put them to friends and acquaintances. From the many conversations two reactions are particularly vivid in my mind. Firstly, a truly dreadful evening with a married couple, two artists who have been close friends for nearly twenty years. The wife thought our conversation amounted to suggesting that she and her husband were megalomanic, and understanding she was annoyed. Her annoyance hardly lessened throughout the evening. Secondly, I remember the astonished question in return from an art collector why and how fantasies of greatness mattered at all?! In his view a person was creative because he was interested in a subject or activity, took pleasure in it or was fascinatcd by it. Fantasies of greatness, or any thoughts about possible reactions from those around him, were a minor consideration altogether! While the first of these two reactions distor ted fantasies of greatness, seeing them as pathological and a case for a psychiatrist (megalomania), the second may be seen as appealingly naive, or it could be an indication of denial and suppression. Common to both is distance, or the desire for distance, from the subject in question.

A glance at the psychological and psychoanalytical literature on the subject points in the same direction. Not only is it well known that patients strongly resist the resurfacing of their fantasies on greatness, those cherished by psychotherapists themselves, and even those of the founder of psycho-analysis, are not willingly discussed. And although we talk of an "age of narcissism" the term, like the term "fantasies of greatness" itself, has retained a negative connotation. Fantasies of greatness in an adult are primarily seen as slightly abnormal. Scientific publications on the subject also tend to focus on the pathological, to put it rather simply. They owe much to the middle class self image and an ideal of modesty, indeed they seem to be cemented into it. It can hardly be called coincidental that although knowledge of mythology is generally declining, the legends of Icarus and the Tower of Babel are still part of the general education of the middle classes, as instances not to be emulated. Moreover, in colloquial speech fantasies of greatness are associated with pride, which, as everyone knows, comes before the fall. But that is really not all there is to say! It is all too easily overlooked that all comments on a state of mind or mental processes have to be taken in connection with the task the subject is facing, and they must be interpreted in the light of this. Long periods of loneliness, isolation or rejection in creative processes require different mechanisms to cope with them than times when we are active in a social community and accepted there. What may appear unusual in the latter case will be appropriate in a different context. To put it another way: From a certain level of intensity fantasies of greatness in ordinary, everyday life are no longer "normopathology compatible" for what we call "normopaths", people who never move out of the socially desired and tolerated average field. However, as part of the creative process comparable fantasies of greatness can play a very positive role.

Another difficulty arises in the proper assessment of fantasies of greatness when mental health is largely defined as overcoming old emotional positions. In this interpretation, fantasies of greatness are seen either as unprocessed ("raw") preforms of later mature self esteem, or as the result of a retreat from a world of disappointing experiences. Appropriate as these views are in many cases, they do overlook the basic fact that many of the ways we experience in our early development are repeatedly revived throughout our lives, whenever they suit a particular phase or situation. Lovers, for instance, and the happily married often speak of being "one heart and soul", or they refer to "my better half". The beloved is seen and imagined as part of the self, a "self-object" as it is called, in a way that is otherwise only typical of early stages in the development of the personality, or of pathological states. And just as imagining another person as a "self-object" is an expression of love, fantasies of greatness have to function in the creative process in order to enable this to be activated at all and in order for the artist to withstand it. To put it succinctly, I doubt whether a view that focuses on the pathological can do justice to the role of fantasies of greatness in the creative process. On the contrary, we should ask what constructive, indeed constitutive functions fantasies of greatness have! That, as in love, there can be many neurotic variants and distortions from personality disorders is well known for both states, but that is not the core of the matter.

The Carrot Phenomenon

To create a picture or text and so see oneself as demiurge, as demi-god and creator of a world of one's own, is fascinating. The painter Ernst Ludwig Kirchner once expressed this very aptly in a letter to Nele: " ...the painter is lord and master of all that exists, he can take possession of lands and seas and animals, all he has to do is draw them" [1].

The joy in originating events, in bringing something to pass, is characteristic of human beings from earliest childhood. As babies we are actively engaged in creating relations – we are certainly not the passive creatures a science that neglected to observe babies tried to make us. Naturally, the baby needs a partner to realize his needs, wishes and fantasies, for the joy in discovering and developing his own abilities certainly does not prevent him from perceiving the endlessly greater abilities of parents and older people. So it is hardly surprising if the child projects his own fantasies of greatness on to his parents. The best example of this I know is of a boy about three, who was standing on a beach with his father, watching the sunset. It was a grandiose interplay of clouds, light and sea. Hardly had the magnificent spectacle faded when the little boy turned to his father and said: "Dad, do it again!" With the onset of puberty and adolescence fantasies of greatness are withdrawn from the formerly idealized parents and transferred to the self. Rebellion against parents, the state and society is as much a part of this period as is the desire to bond with persons of the same age. As in the individual's development, revolt against constraints that are outmoded and so weakened plays an important role in a culture and a society. The history of art should not be seen as only presenting a sequence of revolts and breaks with taboo in the twentieth century; they are very evident in Albrecht Dürer, to quote just one example. In 1500 A.D. he portrayed himself in the pose that had until then been re served for depictions of Jesus Christ. To want to set oneself in place of one's parents, models or the powerful, is a huge incentive.

Often it is only in retrospect that the borderlines can be traced between the normal stages in life, fantasies of greatness that can be realized and the unrealistic, megalomanic. The popular "dishwasher to millionaire" legend only tells us about the ones who do become millio naires. The theme "how to become a millionaire" either turns up in comedies ("How to Marry a Millionaire") or it is used in management and other seminars as a matrix for the fantasies of greatness the participants are entertaining – often with reference to the millionaire motif. The "success seminars" now imported to Europe from America, the land of unlimited opportuni ties, are intended to sell participants "positive thinking", at a high price. "You can do it if you want to" is the basic maxim. Self-recognition as the basis of a realistic world view, and so of well-founded success, does not accord with the programmes for (moderate?) self-deception. Fantasies of greatness are no longer analysed, they are encouraged. A cultural continental drift seems to be opening here. The European mind, schooled in history and laden with problems and theories, often sees the contents of the fantasies of greatness in American programmes as totally interchangeable. The main thing is to be successful – it doesn't matter whether as a painter, a manager of a lingerie store, a clerk in a car insurance firm or a football trainer. Could these fantasies of greatness be lacking in content? If personal greatness is only measured by success in fields that are on principle interchangeable, and by income, there could be a danger that not only will the fantasies of greatness continue to lack content, the personality will be vapid as well – unless one is called Dagobert Duck, but that really was a bird. But anyone who is obsessed with a (life) theme and activates his fantasies of greatness - possibly in seminars on "positive thinking" - in order to achieve his desired goal will find himself in a totally different situation. To sustain the metaphor, we could speak of fantasies of greatness that are fulfilled in such cases. Identifying with successful models can be helpful in implementing them. "If someone can talk about success he must be successful himself. That is why I am outlining these tasks in my Foreword. They should serve to create confidence in me and in the methods I am about to describe", as the success trainer Jürgen Höller says. [2] Anyone who wants can come aboard – and there are obviously many who long for a successful model to show them how to get to their winning post. If they do succeed in identifying with an admired model their own fantasies of greatness can blossom.

Sigmund Freud wrote to his fiancee from Paris saying that he „felt in my limbs that he had the talent to reach the top ten thousand". [3] That was the period (1886) when Freud, still poor and relatively unknown, was identifying with Charcot (1825 – 1893), who was rich and famous. Charcot was the leading neurologist of his day, the "Napoléon of neuroses".

Identifications of this kind, which fuel and fertilize the subject's fantasies of greatness, can be much less in tune with reality. One ex ample of this was Nina Kandinsky, the widow of Wassily Kandinsky, the founder of abstract art. "After the death of her husband she identified so strongly with his work that many visitors had the impression that she, not he, had painted the pictures on the walls. When Nina was writing her memoirs with the help of a young art historian, she wanted to entitle the book "Myself and Kandinsky". It was hard to make her understand that "Kandinsky and 1" would be a more suitable title", as Hans Berggruen, the art dealer and collector, said in his memoirs. [4]

If, as in this case, the fantasy is not only directed to a project that can be realized but at the same time, and more strongly, to expected posthumous fame, the subject of mortality or immortality is raised. "I have set myself a monument that is more lasting than bronze", said Horace many centuries ago. This kind of belief in posthumous fame, and in his case it proved to be correct, can certainly fuel creativity. It al so makes the imaginative character of fantasies of greatness particularly clear – for whether the work will really survive its creator is something the creator can never know. The greatest probability is that it will, sooner or later, be forgotten, burnt or lost in some other way – but a motivating fantasy of greatness will rather look to the famous exceptions to the rule, like Horace, Caesar, Goethe or Kandinsky.

But fantasies of greatness can also – and this should never be overlooked - be based on a realistic assessment of what has already been achieved and the possibilities that will be available in future. Then the fantasies can take the form of "trial action", and in the best instances they develop the force of a self-fulfilling prophecy. That would appear to conclude our survey of the fantasies of greatness that can generally be observed and are effective as motivation. The influence of important reference persons that will be described in the next section requires fantasies of greatness as a specific reaction to an emotional problem that needs solving. And here we must, at least in part, exchange the scene of culture for that of the clinic.

Serious complications that are generally unpredictable by those around the person can arise if the fantasies of greatness, and the motivations based on them, are not part of the "true self" of the person but part of a "false self" or a powerful reference person who has been interiorized: A patient narrated the following dream: "I am in a lift, going up and up. It goes higher and higher and the air gets thinner and thinner. Finally the lift stops. I just manage to stammer out: "Father, I have done what you asked!" before I collapse. Then I wake up, drenched in sweat." In unusual clarity the dream showed that her dynamic and much admired professional career had been built up in response to demands from her father, demands that as a woman took her breath away. As the dream occurred relatively early in the analytical psychotherapy, it must have been dreamed some time before and forgotten. I had brought it back into her mind. Only about a year later could the patient say that she had suffered strong suicidal tendencies, as in her – outwardly so successful – life she was deeply unfulfilled, but saw no means of abandoning her career against her father's wishes.

Fantasies of greatness that are a healthy reaction to early denigration by an important reference person can be said to be a wide field: When Konrad Lorenz had already obtained a professorship at the University of Königsberg which Immanuel Kant had once held, his father, then aged ninety, was still saying of him "Genetics! What will the boy ever earn with that, I would like to know!" [5] All his life Konrad Lorenz had to struggle against failure to acknowledge him on the part of his very successful father, indeed he was subject to outright contempt. The father was three times nominated for the Nobel Prize in Medicine. Realizing compensatory fantasies of greatness is one way to cope with this – Konrad Lorenz himself was awarded the Nobel Prize for Medicine which his father never won! Research results or works of art with a prehistory like this must have been vehemently defended against humiliating attacks. Where this is not possible the person may suffer a mental collapse. The Nazis' confiscation of his paintings as part of their "degenerate art" action was one of the factors that drove Ernst Ludwig Kirchner to suicide in Davos, where outwardly he was safe and had nothing to fear. But mentally he could not protect himself from the devastating emotional attack.

Ever more dramatic and penetrating examples could be given of compensatory and elaborate fantasies of greatness serving as the basis of later successes. Indeed, the list could be extended almost ad infinitum.

Robert Edward Turner III, known as Ted Turner, has become well known through newspaper and magazine coverage. He founded the news channel CNN, and he has promised to donate one billion dollars to the United Nations. The sum will be paid in annual instalments of $100 million, which is more than the annual membership contributions from 178 of the 185 member states. Ted Turner was brought up with extreme severity, of which frequent beatings formed a part. However, if his father believed the boy had seriously misbehaved, it was not Ted who was beaten – the boy had to beat his father. When his father committed suicide Ted, who was then 24 years old, felt he had been left in the lurch. "For I had relied on him to judge whether I am successful or not" he said. It would appear that Ted Turner has set the United Nations in place of his father, he wants this institution both to confirm his success and enable him to make reparation for having beaten his father (achieve reconciliation).

This is an extreme example, and it shows clearly that fantasies of greatness can not only encourage us to be successful, they can literally drive us to it for fear of failure. Here fantasies of greatness are being utilized to overcome fear – but there are many cases where they can not outweigh the fears.

The fantasies of greatness I have described so far functioned as motives – they led to real acts and demonstrably creative achievements. That marks them off from the fantasies of greatness in the form of daydreams and repeated conversations that are very much more frequent. Fantasies of greatness of this kind help to stabilize the self without leading on into work of any kind. Anyone who has maintained a position over a lectern or within a group in a pub will go home happy. If self-stabilization of this kind is not sufficient there is a danger of derailment, the fantasies of greatness may turn into destructive forms of creativity.

One of my patients, a medical student, described his fantasies of greatness as follows: "I'm going to be the greatest! Either I'll get the Nobel Prize for Medicine, or I'll be the greatest tramp under the bridges in Paris!" As even this brief quotation shows, these are what we have called "emptyfantasies of greatness". One morning, five years after he finished his analytical psychotherapy, which did at least enable him to complete his medical studies, get a job as junior assistant and finally buy a Porsche, I got a letter from him. He told me he would be dead when I read it. He had indeed made extensive preparations to ensure that this and other letters would only be posted after his suicide.

Suicide was his last, great, elaborate and carefully planned performance. It seems to me justifiable in this case to speak of destructive creativity. His letter took me utterly unprepared, and I was shattered when I read it. Even five years after concluding his treatment I still had very vivid memories of my colleague. I saw that I had not been able to help him properly. All the feelings of inadequacy, all the shame that is the reverse of fantasies of greatness, and all the sorrow were now mine – and he was gone beyond recall.

But destructive creativity is not only evident in the fate of individuals, it finds expression in larger social contexts as well. When the fantasies of greatness of a nation and its Führer become inflated and finally prove illusory, not only does the hatred that has been projected on to the enemy recoil on to the self, it is intensified by the rage and disappointment at the failure of the fantasies to materialize. Then peace is unthinkable and the work of self-destruction takes its course to the end. That every end contains a new (creative) beginning sounds frighteningly harmless in view of the millions who died. Nevertheless, even for this monstrous and extreme example it can be said that the destruction of old inner and external values can be the preliminary to a new beginning.

To conclude this first chapter on the role of fantasies of greatness in motivating creativity we only need to explain the title – the carrot phenomenon. It is a reference to the well known story of the donkey whose rider dangles a carrot in front of his nose on a long stick, to make the donkey go on walking in an attempt to reach it, on and on... The carrot is the incentive to strive to the limits of one's ability - maybe even beyond. But we need to study the rider as critically as the possibility of ever getting the carrot. And will the carrot be juicy - or just an old vegetable, long shrivelled and dried? Stopping the donkey in order to study both carrot and rider carefully – that is how we could describe psychotherapy, or psycho-analysis.

The Incubator Function

A person writing a poem or a novel, painting a picture or composing a song does so against the background of a countless number of comparable poems, novels, pictures and songs. If he becomes really conscious of this context he can easily be discouraged. It could be argued that the ideal situation is when an artist or scholar knows all the relevant models and previous achievements, has worked through them and finally adds his own contribution, building up on what has gone before. But an examination of creative processes shows that the procedure is usually rather different. Georges Devereux (1908 – 1985), a Hungarian ethno-psychoanalyst, put this particularly clearly: "If I have an idea I do not look to see if someone else has already written about it. I always add the bibliography last. I have learned that my mind does not function like other people's minds, and if I have an idea the probability is very great that no one else has had the same idea." [6] Of course, Devereux' belief that his mind does not work like other people's minds is a fantasy of greatness. Long before him Bertolt Brecht, at the age of only nineteen, said something very similar: "It is so quiet around here. I can only hear my own voice." [7] Fantasies of greatness can be aids to starting work in the first instance. Without the thought "No one else has done/thought that before!" many projects would never have been started at all. Anyone who was aware, right at the start of a major project, of all the difficulties he would have to overcome in the course of it might give up before he ever started and that is the case with many people. They see the obstacles piling up and decide not to start the ascent. Those who have fantasies of greatness to aid them fly over the mountainous peaks of reality (those who have done similar work in the past and present rivals) and only see the terri-

14

tory they are setting out to conquer. The fantasies of greatness in question here can certainly be more or less self-critical in character. They range from Arthur Schopenhauer's comment "Modesty from a middle-range talent is simple honesty, from a major talent it is hy pocrisy!" to Friedrich Schiller's comment while he was working on "Wallenstein": "Without a certain bold belief in myself I would find it hard to continue!" Belief in oneself, which Schiller called bold, is necessary, for great creative processes are of long duration; they isolate the artist, not least because they destroy (part of) what has been familiar. The truly new can only be created if all the old patterns of thought, action and experience are broken. Feelings of tension, disorientation, helplessness and fear are the result. Carl Gustav Jung (1875 – 1961) has given an impressive account of his mental state after he split from Sigmund Freud, the founder of psychoanalysis. Jung went through a severe mental crisis, but in the course of this he discovered and formulated the bases of his own psychological doctrine. The process took him into the fringe areas of his personality and made him, a psychiatrist, greatly fear he was heading for mental collapse. "I lived in constant, intense excitement, and I often felt as if huge blocks were hurtling down on me. One thunder storm came hard upon the next. I only got through it at all with brute force. Others have failed to do so – Nietzsche and Hölderlin, and many others. But there was a demonic force within me, and right from the start I knew that I had to find the meaning of what I was experiencing in these fantasies. The feeling of obeying a higher will, when I withstood the onrush of the subconscious, was undeniable and remained the major force that enabled me to perform the task."[8] Aniela Jaffé, who recorded these memoirs, could still clearly feel the excitement decades later, when Jung told her about this long past experience. Jung proposed that she should head this central chapter of his biography with a line of the "Odyssey": "Rejoicing to have escaped death". In addition to the inner turbulence the creative protagonist has to cope with the reactions of his immediate environment. They are rarely supportive, and the comments will range from incomprehension through criticism to mockery and contempt. One example is "Great, you paint like Mozart!" "But Mozart couldn't paint, he was a composer." "Precisely."

Robert Gernhardt has given us an apt for mulation of the need to define and underpin our own ideas and opinions in his poem " Dorlamm meint" [9] (Dorlamm believes):

Dichter Dorlamm lässt nur äusserst selten
andre Meinungen als seine gelten.

Meinung, sagt er, kommt nun mal von mein,
deine Meinung kann nicht meine sein.

Meine Meinung - ja, das lässt sich hören!
Deine Deinung könnte da nur stören.

Und ihr andeM schweigt! Du meine Güte!
Eure Eurung steckt euch an die Hüte!

Lasst uns schweigen, Freunde! Senkt das
Banner! Dorlamm irrt. Doch formulieren kann
er.

(Dorlamm rhymes well, but he barely Hears
the views of others - or rarely.

'View' is what I see with my eyes Says he,
heedless of protesting outcries.

My view - that I see full well Your view is not
there as well.

You all fall silent - well, my goodness!

No answer from you to his rudeness?

Stay silent, then, friends, agree he'll never
Dorlamm 's wrong, but his rhymes are cle
ver.)

There are both conscious and unconscious
aid strategies to stabilize the helpful fantasies of
greatness in the creative process. One of the
conscious strategies is a deliberate withdrawal
from outside influences.

An artist friend tells me that he deliberately
avoids going to galleries or exhibitions when he
is working very intensively on his own painting.
He wishes to avoid seeing pictures that might
discourage him because these artists have succeeded in solving the formal problems that are
currently occupying him.

The (deliberate?) underpinning of one's own
fantasies of greatness also includes „deliberat-
ly forgetting". Who wants to proclaim the shoulders he is standing on? It is preferable studiously
to exploit the possibilities, and ascribe as much
as possible to one's own efforts and abilities!
And even if it is in keeping with the ideals, at
least of scholarship, by no means ever yone has
the greatness to reveal himself as the dwarf
standing on the shoulders of a giant and only for
that reason able to see farther. (The image of the
giant may be replaced by a pyramid of dwarfs –
or normal sized people.) The literature on psycho-analysis in particular is not lacking in references to who is not quoting whom but has
borrowed freely from him. That this can also (at
least in part) be done unconciously, is evident
from the following example.

I still clearly remember one of my own un
conscious thought processes that helped me to
take priority for an idea over a woman colleague.
On 3 November 1984 I was preparing to write
the chapter "Van Gogh and the Limits of Psy-

chopathography" for my book "On the Borders between Art and Psychiatry". As part of this preparation I re-read the available literature, which included an article by M. Putscher (1980) on the subject. In the course of my considerations I came to the conclusion in the evening that the diagnoses "epilepsy" or "schizophrenia", or quite generally the frequent coupling of "genius and madness" had a defensive function, they were a defence against feelings of fear and envy. The fear was of the radical reorientation inherent in great ideas. What if I were to have such an idea? Would I have the confidence to fight my way through, move so far out of the fa miliar context? Envy could take the form of thinking "Why can't I be great, world famous?" Defence against fear and envy could be sum marized in the sentence: "I do not need to be fearful and certainly not envious, because you would have to be epileptic, schizophrenic or mad in some other way to do great things like that - no, thank you, not me!"

I was very pleased with that idea, and I decided to put it at the end of my chapter. Only when I re-read Ms Putscher's article the next day did I realize that she had said something on principal very similar right at the beginning of hers: "Since the early years of our century, one of the many different ways of protecting ourselves against the excessive claims which art works make on their contemporaries and following generations has been medical diagnosis." That was exactly the approach I had found the previous evening. I had "forgotten" that I had read those lines. When I tried to understand why I had forgotten them (and so why they were stored in my subconscious) I realized that I had an ambivalent attitude to the authoress of the article. On the one hand I admired the breadth of her horizon, while on the other I thought much of what she said was just jotted down without any proof or reasons for the statements she was making. Now I had taken up her suggestion, taken it further (in justification of my criticism of her), but my ambivalence was initially preventing me from remembering that the article had been the source of my idea,. In my defence may I say that I did cite my colleague´s article in my book for comparison. Only when revising my book for the second edition in 1998 did I notice the printer's error that had crept in: The text read "Putscher 1982", but it should have been "1980". There is no work "Putscher 1982"... well, our subconscious is clever, Sigmund Freud had already noted that.

The retreat from things that might influence us, deliberate forgetting of models and so on all these "patricidal" (or matricidal!) impulses" would appear to be forms of interaction and safety mechanisms specific to the modern movement. Artists in earlier centuries knew they stood in a tradition and supported it. They used different safety mechanisms for their fantasies of greatness, they had recourse to idealized models, they copied them and identified with them, and so forms and ideas developed at a much less rapid pace.

Machiavelli (1469 – 1527), the writer and philosopher fantasized in the isolation of his political banishment, imagining he was in the company of persons of his own rank. In a letter to his friend Vettorini he says: "When evening has come I return home and enter my study. On the threshold I cast off the soiled, mean daily garb, and put on royal court robes. Now, appropriately clad, I enter the halls of the greats of Antiquity. I am bid a warm welcome and in their company I absorb the nourishment, the sole fare that is appropriate for me, that for which I was born. Here I can converse with them freely, and because Dante said there can be no scholarship without preservation of what has been thought through, I have written down the quintessence of what I have learned from conversing with them..." [10] The mental safety mechanisms to secure fantasies of greatness described above can be supplemented or replaced by arrangements between people. In such cases the fantasies are projected on to someone else, who is either included in the subject's dream of future greatness ("We'll manage it!") or the fantasies of greatness are derived from, or safely lodged with, the other person. The subject himself is plagued by doubts and feelings of imperfection, and he expects the idealized partner to provide protection, encouragement and assistance. We can cite two examples here, a daily ritual in Picasso's house and a spontaneous arrangement.

In her book "Life with Picasso" [11] Françoise Gilot describes her husband as a man who was always plaintive, indeed depressed in the mornings. Every day it was her task to reassure him, in bed and at breakfast, that he was a good painter and would paint marvellous works that day, too. About two in the afternoon his features would brighten and he would hasten into his studio and work in intense concentration and with great success until about two in the moring. This strange but firmly established ritual between Picasso and his wife seems to suggest that it was important to the artist to fix his wife in a certain role, the role of the female admirer who was unshakeably convinced of his abilities. The genesis of the ritual can be found in a well known saying by Picasso, which was actually published on a postcard (Postkartenverlag der Gebr. König, Cologne): "When I was a child my mother said to me: If you join the army you will become a general. If you go into the church you will be Pope.' I wanted to be a painter, and I am Picasso."

The transfer of the subject's fantasies of greatness – those which stabilize the self – to a partner (to secure the incubator function) is al so the subject of the next example: In the early eighties I was asked by four artists to write the foreword to a joint edition they were publishing. One of the artists was including one of his own compositions, which he was having recorded for purpose. He invited me to come to his studio and hear the work before I wrote my foreword. So at the agreed time I made my way, on a bitterly cold winter's day, across a dark back yard to the only illuminated window in an apartment above a warehouse. When I had climbed the dimly lit stairs and reached his door, the artist took me into the only heated room in the apartment, which was relatively big but almost entirely unfurnished, and cold. The roof leaked, he told me, and the water that had run down was freezing on the walls. The room was about six square metres in size; it held a bed, placed across the window, a table with a synthesizer and other electronic musical equipment, and a chair. He asked me to sit on the bed. Although he received me warmly I felt ill at ease, oppressed and sad. I had not imagined him living in such straitened circumstances – this was exactly the material side of the artist's life that had made me decide not to go to art school. But in the course of the next hour my mood underwent a transformation. The composer insisted that I should lie on the bed, in order to be relaxed and concentrate on his composition. The longer I listened to the music, the more did the mood of depression caused by the impoverished surroundings lighten. This was not the result of the music, the quality of which I could hardly judge, because I lacked both the knowledge and experience of contemporary music to do so. It was the atmosphere which the artist created in the room; he made me feel that these six square metres were the seedbed of creativity, the centre from which major compositions would emerge to illuminate the future. I could almost say the room began to shine with a radiance that outshone the dark and cold. Without being able to give a theoretical explanation at the time I knew intuitively that the artist had succeeded in letting me share his fantasies of greatness – without big words or gestures!. He was transferring them to me. He was stabilizing himself with me as his sole audience, and succeeding to an extent that usually only happens in a big and successful concert.

The important stabilizing function of fantasies of greatness in the uncertain and unsettling phases of creative processes should be sufficiently clear now, although not every facette of the intrapsychological and interactional mechanisms that are used to support and maintain them could be listed here.

Let me add two quotations which illustrate very sophisticated and mature approaches to fantasies of greatness. This kind of open reference, sometimes humorous, is only possible when oppressive fears of failure and insignificance have been overcome. Karl Kraus is reported as saying: "I am famous, but people haven't heard about it yet", and in an interview I read the Dutch writer Harry Mulisch made the equally fine paradoxical remark: "I´m world famous in Holland". Anyone who can talk about his fantasies of greatness in this way has already received and assimilated so much recognition that he has at least partly outgrown his protective incubator.   Finally, let us give a brief survey to show that the promotive and protective incubator function of fantasies of greatness can also turn into the opposite.

If success comes to an artist (too) early this can cause fantasy and reality to intermingle. The feeling of euphoria, as we can call it, can be stimulating – as the success trainers say "The best stimulus to success is success!" But the artist can also become tied to his early success, he can become afraid of subsequent failure, or unrealistic fantasies of greatness can be encouraged, like the belief that success comes easily, only other artists have to struggle and

wait and wait. This can stultify development. Only very few artists find as elegant and consistent
a solution as Marcel Duchamp (1887.– 1968),
who in 1925 almost completely gave up painting
and ready-mades and spent most of his time
playing chess. His innovative ideas are as forceful as ever, their influence has corrtinued unbro-
ken, unaffected by endless self-quotations or
mediocre late work, as is the case with some
other artists. But fantasies of greatness can also
be inflated beyond a critical point and thus lead
to disruption of the creative process. If the fantasies are directed to the artist's own person he
may feel fine ("I am the greatest!") but his ability
to exercise self criticism will suf fer. Then he will
try to avoid strenuous efforts and consistent
hard work, to give one example, because only
artistic achievement that entails no effort (just
the product of the grand gesture, the artist's will)
will prove how great he is. "If I had made an
effort of course they would all have applauded"
– that is roughly the tenor of the fantasy, and the
real achievement, the result of effortless pro-
duction, will be even greater. The creative process is neither promoted nor protected through
a fantasy used in this way, it is ultimately torpe-
doed.

If an inflated fantasy of greatness is projec
ted on to the work to be created, it can either become an obstacle to output, or the artist has to
work ceaselessly at perfecting the product.
Then at best fragments or preliminary versions
can be made accessible to the public.

Nectar and Ambrosia

The creative process certainly does not end
when a work of art is finished. Now its special
qualities compared with rival products have to
be brought out (aggressively), it needs to be de
fended against attack, in short, the poem, no vel

or painting has to be made known. The trudge through agencies, publisher's offices and galleries begins. Works of art that have not gone through this last phase of the creative process remain unknown and unjudged, – with very few exceptions they have never left their creator's desk, easel or drawer. Motives have evolved from the confrontation with conflicts, ideals and introjections, and fantasies of greatness have promoted their realization and protected it. Now the artist needs other abilities. He has to undergo real interaction and needs powers of conviction, persistence, a forceful personality and so on. These qualities, too, we could say, need constant support from fantasies of greatness, if the artist is to succeed in a struggle for recognition that could last years or even decades Arthur Schopenhauer and Friedrich Nietzsche, to name only two famous examples, had to wait for decades for recognition; others, like Van Gogh, never experienced public acclaim. This final phase of the creative process is about nectar and ambrosia, the food and drink that gave the gods immortality. Most of us have to make do with the earthly variant of nectar, but after all, the insects make honey from it and that is a high-calory food for man and beast.

It may be a commonplace that an author or painter will appreciate his own works; some love them as parents love their children. In these cases the work is idealized, all the fantasies of greatness that have already accompanied its creation are projected on to it. The German - dramatist Carl Sternheim (1878 – 1942) expressed this relationship to his works particularly clearly in a letter written in 1904: "I re-read my 'Ulrich and Brigitte' in bed and was deeply moved and exhilarated to see how great my art is! My God, this is work that will outlast the centuries! Anyone who criticises the mind that created that has condemned himself." In his youth Ernst Bloch was no less emphatic: "Anyone who rejects me is damned by history". Compared with such an accumulation of fantasies of greatness, directed equally to the work and the person, Ludwig Marcuse was rather more modest: "Taking my courage in both hands I venture to say my work is good". This shows courage in tackling the initial uncertainty, which the first-named authors brush from the table with a grandiose gesture (did they have to do so in order unconsciously to retain feelings of uncertainty and doubt?!).

The situation is quite different if only either the work or the person is the target of fantasies of greatness. The fantasies may be projected on to the work if the artist is (consciously) modest. In this case he will fight for his work as an undemanding mother, who asks little for herself, will fight vigorously for her children. Praise and admiration come back to the artist via the work (protected and filtered by it).

Cases where the artist disparages his work seem at first glance less easy to understand. But this can be the familiar mechanism to ward off feared criticism by anticipating it. An artist may also disparage his work to protect his fantasies of greatness. He distances himself from the work he has already produced and projecting he fantasies on to the next. In this way he can deflect criticism of an existing work by arguing that the next will be so much better. If the criticism comes not from outsiders but from within the artist himself we can assume that his fantasies of greatness are (too) inflated.

In describing the relations between the artist and his completed work we have several times introduced the public, the third element in the union, as a group of admirers or critics. Unless the artist has contact with the first and more immediate public (his partner(s), friends, the publisher's reader, the publisher, gallerist), and later hopefully the public at large who are interested in art (the "art-loving public") honey will not flow in the here and now (royalties, fees etc.) nor can he expect posthumous fame. We can speak here of "primary and secondary profit from art". If the artist has been able to live up to his own fantasies of greatness and/or give expression to a conflict surging within him, we could speak of a "primary profit from art"; the "secondary profit from art" would then be praise, recognition and all the narcissistic adulation the public accords the artist, and which enables him gradually to give up his own, protective fantasies of greatness. Artists who appear on stage during and after theatre performances, concerts and public readings can experience the "secondary profit" very directly, while those in the visual arts and writers experience this more indirectly, apart from private views and readings.

A woman artist once described to me the problem of only experiencing the "secondary gain" very indirectly in these words: "What good does it do me to have my cycle of paintings hanging in a museum in Berlin?! I don't hear what the people are saying. Oh yes, the visitors' book, that's fine, all these entries, all these exclamations, people saying how deeply my paintings have moved them, all this praise. But most of the time I am alone in my studio! Every now and then I get a write-up in a newspaper or a review... well, so what?"

As a book or a picture can represent a protective shield against direct insults and humiliation, it can also be an obstacle to direct confirmation of fantasies of greatness. In relation to our theme, the successful artist, or the work he has created, are the target of the public's fantasies of greatness. The public identifies with the artist and/or his work and so shares in his greatness. Ultimately the readers, viewers, listeners have their own fantasies of greatness returned, enriched by the work of the artist they admire, and can cherish them. That is the magic of big names, and the magic of signatures on paintings and in first editions. It is also one of the motives that animate collectors.

As managers of their own (posthumous) fame artists are often very creative in starting up the process of interchange with the public and maintaining this.

Peter Handke, for instance, had already received considerable media attention before the publication of his first work "Publikumsbeschimpfung" (Scolding the Public) (1966) because he had launched a provocative attack on the writers at a meeting of the 47 Group in Princeton earlier that year. He condemned what was being read out as "slight descriptive literature". He also wore a very distinctive blue cap. H.M. Kepplinger, a media researcher [12], said of Handke that he was "the first writer in world literature whose literary fame, spread by the mass media, followed so closely upon his literary output that it arrived first."   In keeping with our theme I would like to conclude this chapter by discussing fantasies on the durability of creative works. This brings us to the theme of immortality, our nectar and ambrosia. The need to overcome fear of death and longing for immortality have always been the strongest incentives to fantasies of greatness. They are needed to disguise the fact that i the individual can never find out whether these fantasies are realized (no one experiences his own posthumous fame) and that historians, with a few exceptions, tend to hold rather the opposite view. Today, for instance, art historians assume that up to ninety percent of the paintings made during the golden age of Dutch painting, in the seventeenth century, are lost, even paintings by major artists whose reputatations have endured to the present. Even if a work of art survives the test of time it is actually only a fantasy to maintain, like Heinz Kohut, the expert on narcissism, that "a work of art, once the artist has finished it is sacrosanct and on principle cannot be changed by anyone, however imperfect it may be and however many improvements are conceivable." [13] Kohut is repeating the fantasies of greatness of living artists. A different picture emerges from the controversies between literature scholars over the original versions of texts that were later abbreviated, changed or distorted in some other way, and certainly from the way theatre producers handle "text material", as from the comments by many art historians, musicologists and particularly picture restorers.

A picture restorer told me of an event that occurred during his apprenticeship many years before, and which is a particularly good example of this. One of the rare paintings byAdriaen Brouwer (around 1605/06 – 1638) had been brought to the workshop for restoration. It showed a young man drinking from a very large goblet. The restorers thought the size of the goblet was very strange. The puzzle was solved when the painting was taken out of its frame, revealing a message – in Cyrillic script – from a Russian restorer that had until then been hidden by the frame. Roughly translated it said: "Dear fellow restorer and colleague: Please forgive me for having changed the painting in this way. But it was the client's wish, and I have a wife and seven children to feed. If the future owner does not like the alteration the goblet can be removed again." When the restorers did carefully remove the goblet, that had been painted on later, they found a large piece of meat underneath it. The young man was just biting into it with evident pleasure. This was much more in keeping with Adriaen Brouwer's robust and direct style, but it had not suited the views on art of one of the later owners of the work.

In the real world in which we live nectar and ambrosia are only of very limited value. Where we find fantasies of greatness disappointments and insults are not far away, even if this certainly does not mean that the artist will be overwhelmed by feelings of inadequacy or ought to be. The sculptor Bogomir Ecker [14] has recently demonstrated how fantasies of greatness and posthumous fame can be handled with (self-) irony. He has installed a "Tropfsteinmaschine" (Dripstone Machine) in a basement room in Hamburg Art Gallery and Museum which is creating real stalactites and a stalagmite. Ecker is assuming that his stone sculptures will grow by ten millimetres in one hundred years, and with foresight he has signed a contract with the City of Hamburg for five hundred years...

In Conclusion: A Few Fantasies of Greatness on Fantasies of Greatness

When I started to work on this subject I was fascinated by the idea of writing an article with no footnotes or references to other literature at all. Atext on carrots, incubators, nectar and am brosia etc., which would move right away from any of the specialized literature on the subject. I envisaged identity of content and form. But as my work progressed this method of presentation seemed increasingly inadequate, and I was afraid that a text of that kind would meet with incomprehension. So I had to modify this fantasy of greatness and transform it, and now the original idea only provides the sequence and titles for the chapters.

I was able to sustain the other fantasy of greatness, namely that I would be able to deal with the subject exhaustively, as long as I was collecting ideas and literature. At the latest when I came to write the manuscript I also had to bid that farewell. Many notes have been left aside and are not reflected in the final text. That applies to the distinctions that could be drawn between artistic and scholarly creativity, in contrast to what we could call "everyday creativity", and to the many different theoretical approaches I have only been able to touch on the exciting subject of collective and institutionalized fantasies of greatness. And what function do drugs have in the creative process, in regard to the promotion and maintenance of fantasies of greatness?

It seems to me now that the subject offers material enough for a whole book. Is that another fantasy of greatness?

Notes

1) Kirchner, E.L. : Briefe an Nele. Piper, München 1961, S. 34

2) Höller, J. : Alles ist möglich – Strategien zum Erfolg. Econ, Düsseldorf, 2. Aufl. 1996

3) Jones, E. : Sigmund Freud. Band 1. Die Entwicklung der Persönlichkeit und die großen Entdeckungen 1856 – 1900. Huber, Bern/Stuttgart/Wien, 2. Aufl. 1978, S. 16

4) Berggruen, H. : Hauptweg und Nebenwege. Erinnerungen eines Kunstsammlers. Nicolaische Verlagsbuchhandlung, Berlin 1996

5) Bischof, N. : Gescheiter als alle die Laffen. Ein Psychogramm von Konrad Lorenz. Rasch und Röhring, Hamburg 1991

6) Duerr, H.P. (Hrsg.) : Die wilde Seele. Zur Ethnopsychoanalyse von Georges Devereux. Suhrkamp, Frankfurt/M. 1987, S. 19

7) Dieses Zitat wie auch die folgenden von A. Schopenhauer, F. Schiller, K. Kraus, C. Sternheim, E. Bloch und L. Marcuse wurden dem Buch entnommen von Schneider, W. : Die Sieger. Wodurch Genies, Phantasten und Verbrecher berühmt geworden sind. Piper, München 1996

8) Jaffé, A. (Hrsg.) : Erinnerungen, Träume, Gedanken von C.G. Jung. Walter, Olten 1971, S. 180

9) Gernhardt, R. : Gedichte 1954 – 1994. Hafmanns Verlag, Zürich 1996, S. 130

10) Böhmer, O.A. : Sternstunden der Philosophie – Schlüsselerlebnisse großer Denker von Augustinus bis Popper. Beck, München 1998, S. 22

11) Gilot, F. und Lake, C. : Leben mit Picasso. Diogenes/ Bertelsmann, Zürich und München 1980

12) Kepplinger, H.M. : Realkultur und Medienkultur. Literarische Karrieren in der Bundesrepublik. Freiburg 1975

13) Kohut, H. : Narzißmus. Eine Theorie der psychoanalytischen Behandlung narzißtischer Persönlichkeitsstörungen. Suhrkamp, Frankfurt/M. 1973, S. 349

14) Ecker, B. und Meeske, S.K. : Die Tropfsteinmaschine – Entwurf. Emotope Büro Berlin, Berlin 1987

Plates

A. no title (I, self)

B. the architect

C. moonnight, selfmade

D. the artist forms ideas of prices

E. two sides

F. what, if Noah would have been painter?

G. no title (father, father, father, ...)

H. no title

h. selfconfidence (I, me, (my)self, to me, mine)

g. two right, one false

f. no title

e. also fantasies

d. no title (Father, Son, Holy Ghost)

c. no title (laughing, weeping,...)

b. no title

a. reflexive couple (me, I)

Hartmut Kraft

Größenphantasie und Kreativität

mit einem Bildbeitrag
von Thomas Huber

Salon Verlag

Impressum

Typographie und Lithographie:
Alfred Schiedek

Übersetzung
Eileen Martin, London

Gesamtherstellung:
Druckerei Steinmeie, Nördlingen

© 1999 Thomas Huber, Hartmut Kraft
und Salon Verlag

Die Deutsche Bibliothek -CIP-Einheitsaufnahme
Größenphantasie und Kreativität = Fantasies
of Greatness and creativity / Hartmut Kraft.
Mit einem Bildbeitrag von Thomas Huber. -
Köln : Salon Verlag, 1999
Text deutsch und englisch.
ISBN 3-89770-004-2

Zwischen Größenwahn und Normopathie

Gespräche mit Freunden in langen Nächten, wenn die Zukunft entworfen, ein guter, selbst ein mißlungener Start bis in das ersehnte Ziel verlängert wurde - erinnern Sie sich an diese Freiflüge der Phantasie? Gemeinsam aufsteigen zu beneideten Höhen, einem jeden sein Gipfelerlebnis gönnend – es gibt genügend Platz in diesen Regionen. Vielleicht aber auch Erinnerungen an störende Einwände, die eine dünne schützende Haut durchstoßen konnten und unwirsch abgetan werden mußten. Wie sonst hätten wir uns gegen Abstürze sichern können?

Ist das alles Vergangenheit, allenfalls eine beobachtbare Gegenwart bei Jugendlichen und einigen alt gewordenen Freunden, die immer noch nicht gelandet sind? Oder haben die Größenphantasien die Reibung mit dem alltäglichen Kleinkram, mit Begrenzungen und Zurückweisungen überlebt? Zumindest werden sie nicht mehr so offen hinausposaunt wie in der Kindheit und Jugend. Es ist stiller geworden um sie. Möglich auch, daß sie ein Refugium in den Tagträumen erhalten haben, die wir vor neugierigen Blicken und Fragen zu schützen wissen. Oder aber gehören Sie zu den Menschen, die von sich sagen (können), sie hätten ihre Größenphantasien kreativ umgesetzt?! Und überhaupt seien es gar keine Größenphantasien gewesen, sondern realistische Vorgriffe der Phantasie auf eine eigenverantwortlich zu gestaltende Zukunft!

Ich habe mir diese Fragen gestellt, ich habe sie Freunden und Bekannten gestellt. Aus der Vielzahl der Gespräche sind mir zwei Reaktionen lebhaft in Erinnerung geblieben. Zum einen ein recht mißlungener Abend mit einem Künstlerehepaar, dem ich mich seit fast zwanzig Jahren freundschaftlich eng verbunden fühle; die Künstlerin mutmaßte, unser Gespräch liefe darauf hinaus, ihr und ihrem Mann Größenwahn zu unterstellen. Verständlicherweise reagierte sie

gereizt, eine Gereiztheit, die auch im Verlauf des Abends kaum abklang. Zum anderen erinnere ich mich an die erstaunte Rückfrage eines Kunstsammlers, ob und wieso Größenphantasien denn überhaupt eine Rolle spielten?! Seiner Meinung nach sei ein Mensch kreativ, weil er Freude, Interesse oder sogar Faszination für ein Thema bzw. eine Tätigkeit empfinde – Größenphantasien oder Gedanken an mögliche Reaktionen seiner Umwelt seien dabei doch wohl vollkommen nebensächlich!

Während die zuerst geschilderte Reaktion das Thema der Größenphantasien ins Krankhafte verzerrte und der Psychiatrie zuwies („Größenwahn"), mag die zweite Reaktion als liebenswert-naiv gelten oder einen Hinweis auf Verleugnungen und Verdrängungen enthalten. Gemeinsam ist beiden Reaktionen eine Distanz bzw. ein Distanzierungswunsch zu dem hier in Frage stehenden Thema.

Ein Blick in die psychologische und psychoanalytische Fachliteratur weist in die gleiche Richtung. Nicht nur die starken Widerstände von Patienten gegen das Auftauchen ihrer Größenphantasien sind bekannt, auch die Grössenphantasien von Psychotherapeuten sowie diejenigen des Gründers der Psychoanalyse werden nur ungern thematisiert. Auch wenn geradezu von einem „Zeitalter des Narzißmus" gesprochen wird, ist dieser Begriff – wie auch der Begriff „Größenphantasie" – bis heute negativ besetzt geblieben. Größenphantasien im Erwachsenenalter stehen zunächst erst einmal unter einem Krankheitsverdacht. Die pathologisierende wissenschaftliche Presse – so könnten wir salopp formulieren –, die den Begriff Größenphantasie umgibt, scheint nicht zuletzt einem bürgerlichen Selbstverständnis und Bescheidenheitsideal geschuldet und darin eingebettet zu sein. So kann es wohl kaum als zufällig bezeichnet werden, daß trotz allgemein rückläufiger Kenntnisse der Mythologie die Sagen

von Ikarus und vom Turmbau zu Babel als abschreckende Beispiele immer noch zur Allgemeinbildung des Bürgertums gehören.

Darüber hinaus sind Größenphantasien umgangssprachlich mit Hochmut assoziiert und dieser kommt bekanntlich vor dem Fall. Aber damit ist der Fall nun wirklich nicht erledigt!

Übersehen wird allzu leicht, daß alle psychischen Äußerungen immer im Zusammenhang mit der zu bewältigenden Aufgabe gesehen und verstanden werden müssen. Lange Zeiten der Einsamkeit, der Isolierung oder der Ablehnung in kreativen Prozessen fordern andere Bewältigungsmechanismen als Zeiten des Aufgehobenseins und der Anerkennung in einer sozialen Gemeinschaft. Was im letztgenannten Fall auffällig erscheinen mag, ist in einem anderen Zusammenhang situationsgerecht. Anders gesagt: Ab einer gewissen Intensität sind Größenphantasien im Alltag für die sogenannten „krankhaft Gesunden" („Normopathen"), die sich stets nur im gesellschaftlich erwünschten und tolerierten Durchschnittsbereich bewegen, nicht mehr „normopathiekompatibel". Im Rahmen eines kreativen Prozesses kann vergleichbaren Grössenphantasien aber sehr wohl eine konstitutive Rolle zukommen.

Eine andere Schwierigkeit in der Würdigung von Größenphantasien ergibt sich, sobald seelische Gesundheit vorzugsweise durch eine Überwindung älterer seelischer Positionen definiert wird. Größenphantasien werden in dieser Sichtweise dann entweder als unbearbeitete („rohe") Vorformen späterer reifer Selbstachtung aufgefaßt oder auch als das Ergebnis eines Rückzugs angesichts einer Welt enttäuschender Erfahrungen. So zutreffend diese Ansichten in vielen Fällen sind, so sehr müssen sie ergänzt werden um die grundlegende Erfahrung, daß manche der frühen Entwicklung zugehörige Erlebensweisen phasen- und situationsgerecht lebenslang immer wieder neu belebt werden. So

heißt es z.B. in der Verliebtheit und Liebe immer wieder: „Ein Herz und eine Seele" oder „meine bessere Hälfte"; der andere, der geliebte Mensch wird als Teil der eigenen Person (als sogenanntes „Selbstobjekt") erlebt und phantasiert, wie es sonst nur für frühe Entwicklungsstadien der Persönlichkeit oder für krankhafte Zustände typisch ist. So, wie Selbstobjekt-Vorstellungen zur Liebe gehören, so müssen Grössenphantasien im kreativen Prozeß aktiviert werden, um ihn überhaupt zu ermöglichen und durchzustehen. Um es auf den Punkt zu bringen: Ich bezweifle, daß eine krankheitszentrierte Sichtweise der Rolle der Größenphantasien im kreativen Prozeß gerecht werden kann. Ganz im Gegenteil ist nach den konstruktiven, ja konstitutiven Funktionen der Größenphantasien zu fragen! Daß es dabei, wie in der Liebe, viele neurotische Spielarten und Verzerrungen durch Persönlichkeitsstörungen geben kann, ist zwar hier wie dort bestens bekannt, macht aber nicht deren Kern aus.

Das Möhren-Phänomen

In einem Bild oder Text eine eigene Welt erschaffen und damit sich selbst als Demiurgen, als Halbgott und Schöpfer eigener Welten erleben zu können, ist ein Faszinosum. Der Maler Ernst Ludwig Kirchner hat dies in einem seiner Brief an Nele treffend formuliert: „... der Maler ist Herr und König über alles Seiende, ihm gehören Länder und Meere und Tiere, er kann alles haben, indem er es zeichnet" [1].

Die Freude, Urheber der Ereignisse zu sein, etwas zu bewirken, kennzeichnet den Menschen von frühester Kindheit an. Schon als Babies sind wir aktiv gestaltend an unseren Beziehungen beteiligt - und waren keineswegs die passiven Wesen, zu denen uns eine die Säuglingsbeobachtung vernachlässigende Wis-

senschaft machen wollte. Natürlicherweise benötigt das Baby eine(n) Partner(in) für die Realisierung seiner Bedürfnisse, Wünsche und Phantasien. Die Freude an der Entdeckung und Entwicklung eigener Möglichkeiten schließt die Wahrnehmung der unendlich viel größeren Fähigkeiten der Eltern und Älteren schon bald keineswegs aus. Da kann es nicht verwundern, wenn Phantasien eigener Größe an die Eltern abgetreten werden. Das schönste Beispiel, von dem ich gehört habe, stammt von einem circa dreijährigen Knaben, der mit seinem Vater am Meer den Sonnenuntergang betrachtete – ein grandioses Farbspiel aus Wolken, Licht und Meer. Kaum verblaßte die Farbenpracht, wandte sich der Kleine an seinen Vater und sagte: „Papa, mach das noch mal!"

Mit Beginn der Pubertät und Adoleszenz kommt es zu einer Rücknahme von Größenphantasien von den zuvor idealisierten Eltern auf die eigene Person; Rebellion gegen Eltern, Staat und Gesellschaft gehören ebenso in diese Zeit wie der Zusammenschluß mit Gleichaltrigen. Vergleichbar der individuellen Entwicklung spielt die Auflehnung gegen überholte und damit geschwächte Grenzsetzungen eine wichtige kulturelle und gesellschaftliche Rolle. Die Geschichte der Kunst ist nicht erst im 20. Jahrhundert als eine Folge von Grenzüberschreitungen und Tabubrüchen zu lesen; sie lassen sich unschwer z. B. bereits bei Albrecht Dürer nachweisen, wenn er im Jahre 1500 n. Chr. sich selbst in der Pose porträtiert, die zuvor nur den Darstellungen von Jesus Christus vorbehalten war. Sich selbst an die Stelle der Eltern, der Vorbilder, der Mächtigen setzen zu wollen, stellt einen mächtigen Anreiz dar.

Die Grenzen zwischen normaler lebensgeschichtlicher Aufgabe, realisierbarer Größenphantasie und unrealistischem Größenwahn können oft erst in der Rückschau gezogen werden. In dem beliebten Erzählmotiv „Vom Teller-

wäscher zum Millionär" wird dementsprechend auch nur von denjenigen berichtet, die Millionäre geworden sind. Das Motiv „Wie werde ich Millionär" taugt entweder zur Komödie („Wie angle ich mir einen Millionär") oder bietet in Manager- und anderen Seminaren die Matrix für die mitgebrachten Größenphantasien der Teilnehmer – oft unter Zuhilfenahme des erstgenannten Motivs. Die inzwischen aus Amerika, dem Land der unbegrenzten Möglichkeiten, nach Europa importierten Erfolgs-Seminare sollen den Teilnehmern für viel Geld das „positive Denken" verkaufen. „Du schaffst es, wenn Du es willst", so lautet die Grundmaxime. Selbsterkenntnis als Basis einer realistischen Weltsicht und damit eines fundierten, auf dem Boden der Tatsachen stehenden Erfolgs kollidiert mit den Programmen zur (maßvollen?) Selbsttäuschung. Grössenphantasien werden nicht mehr analysiert, sondern geschürt. Hier scheint sich eine kulturelle Kontinentalspalte aufzutun; dem geschichts-, theorie- und problembeladenen, europäisch geschulten Geist kommen die Inhalte der Größenphantasien in den amerikanisch geprägten Programmen oft vollkommen austauschbar vor. Hauptsache Erfolg – egal, ob als Maler, Manager für Miederwaren, Angestellter einer Autounfall-Versicherung oder Fußballtrainer. Könnte es sich um „leere Größenphantasien" handeln? Wird die eigene Größe jedoch nur in prinzipiell austauschbaren Erfolgsfeldern sowie mit Hilfe von Geld gemessen, könnte die Gefahr bestehen, daß nicht nur die Größenphantasien leer bleiben, sondern auch die Persönlichkeit - es sei denn, man heißt Dagobert Duck, aber das war bekanntlich eine Ente. Wer hingegen von einem (Lebens-) Thema besessen ist und seine Grössenphantasien aktiviert - gegebenenfalls in Seminaren für „positives Denken" –, um das ersehnte Ziel zu erreichen, befindet sich in einer grundlegend anderen Situation. Um im Bild zu bleiben, könnten wir hier nun von „gefüllten

Größenphantasien" sprechen. Zu ihrer Durchsetzung kann es hilfreich sein, sich mit erfolgreichen Vorbildern zu identifizieren: „Wenn jemand von Erfolg spricht, dann muß er auch selber erfolgreich sein. Deshalb hier bereits im Vorwort diese Angaben, die dazu dienen, Vertrauen in meine Person und in die hier beschriebenen Methoden zu ermöglichen", verkündet dementsprechend der Erfolgstrainer Jürgen Höller [2]. In dieses Boot mag steigen, wer will – und viele sehnen sich offensichtlich nach einem erfolgreichen Vorturner, der ihnen zeigt, wie sie zum Erfolg rudern können. Gelingt die Identifikation mit einem bewunderten Vorbild, können eigene Größenphantasien aufblühen.

In einem Brief an seine Verlobte schrieb Sigmund Freud aus Paris: „Ich spür' es in den Gliedern, daß ich auch so das Talent zu einem der »Oberen Zehntausend« habe" [3]. Das war die Zeit (1886) der Identifikation des noch mittellosen und vergleichsweise unbekannten Freud mit dem berühmten und zu Reichtum gekommenem Charcot (1825 - 1893), dem größten Neurologen seiner Zeit, dem „Napoléon der Neurosen".

Solche die eigenen Größenphantasien beflügelnden und befruchtenden Identifikationen können auch durchaus weniger realitätsgerecht verlaufen, so z. B. bei Nina Kandinsky, der Witwe des Begründers der ungegenständlichen Malerei, Wassily Kandinsky.

„Sie identifizierte sich nach dem Tode ihres Mannes so stark mit seinem Werk, daß manche ihrer Besucher den Eindruck hatten, nicht er, sondern sie habe die Bilder gemalt, die an den Wänden hingen. Als Nina mit Hilfe eines jungen Kunsthistorikers ihre Memoiren schrieb, wollte sie das Buch „Ich und Kandinsky" nennen. Ich hatte Mühe, ihr klar zu machen, daß „Kandinsky und Ich" ein dezenterer Titel wäre", schreibt der Kunsthändler und -sammler Hans Berggruen in seinen Memoiren [4]. Richtet sich die

Größenphantasie – wie in diesem Falle – nicht nur auf ein zu verwirklichendes Projekt, sondern zugleich und vor allem auf einen dadurch zu erwartenden Nachruhm, ist das Thema von Sterblichkeit bzw. Unsterblichkeit angesprochen. „Ein Denkmal habe ich mir errichtet, dauerhafter als Erz", sagte bereits Horaz. Mit einer solchen Größenphantasie, die sich in seinem Falle bewahrheitet hat, können der Kreativität Flügel wachsen. Hierbei wird nun der Phantasiecharakter der Größenphantasien besonders deutlich – denn ob das Werk seinen Schöpfer wirklich überdauert, kann vom Schöpfer niemals überprüft werden. Die größte Wahrscheinlichkeit kann die Prognose für sich in Anspruch nehmen, daß das geschaffene Werk über kurz oder lang vergessen, verbrannt oder sonstwie entsorgt sein wird – aber eine die Motivation stützende Größenphantasie hängt sich lieber an die berühmten Ausnahmen von der Regel und erinnert sich an Horaz, Caesar, Goethe oder Kandinsky.

Größenphantasien können aber auch – das sollte nun keineswegs übersehen werden – auf einer realistischen Einschätzung des bereits Geleisteten und den sich in Zukunft bietenden Möglichkeiten beruhen. Die Phantasien können dann ein „Probehandeln in Gedanken" darstellen und im besten Falle die Kraft einer „self-fulfilling prophecy" entwickeln.

Damit scheint der Bereich der allgemein zu beobachtenden und wirksamen Größenphantasien als Teil der Motivation abgeschritten. Die nachfolgend zu schildernden Beeinflussungen durch wichtige Beziehungspersonen bedingen Größenphantasien als spezifische Reaktion auf ein zu lösendes seelisches Problem. Wir kommen nicht umhin, den Schauplatz der Kultur in diesem Zusammenhang zumindest teilweise mit dem der Klinik zu vertauschen.

Ernsthafte und für die Umwelt zumeist unvorhersehbare Komplikationen können sich er-

geben, wenn die Größenphantasien und die darauf sich gründenden Motivationen nicht ein Teil des „wahren Selbst" der Person, sondern Teil eines „falschen Selbst" oder die einer mächtigen verinnerlichten Bezugsperson sind.

Eine Patientin erzählte den folgenden Traum: „Ich fahre in einem Fahrstuhl immer höher. Es geht höher und höher, die Luft zum Atmen wird immer dünner. Schließlich hält der Fahrstuhl an, ich kann gerade noch hervorbringen: „Vater, ich habe den Auftrag erfüllt!" – dann breche ich zusammen und wache schweißgebadet auf." In seltener Klarheit brachte der Traum zum Ausdruck, daß ihre rasante und von vielen bewunderte berufliche Karriere einem Auftrag des Vaters entsprach, einem Auftrag, der ihr als Frau die Luft zum Atmen nahm. Da der Traum relativ früh in der analytischen Psychotherapie geträumt wurde, mußte er zunächst einmal vergessen und von mir bewahrt werden. Erst ca. ein Jahr später konnte die Patientin sagen, daß sie unter massiven Selbstmordgedanken gelitten habe, da sie in ihrem – äußerlich so erfolgreichem – Leben zutiefst unzufrieden gewesen sei und gleichzeitig keine Möglichkeit gesehen habe, gegen den Auftrag des Vaters aus ihrer Karriere auszusteigen.

Einen vermutlich weiten Raum nehmen Größenphantasien ein, die als gesunde Reaktion auf frühe Kränkungen durch eine wichtige Bezugsperson entstehen.

Als Konrad Lorenz bereits eine Universitätsprofessur auf dem Lehrstuhl Immanuel Kants in Königsberg inne hatte, sagte sein 90jähriger Vater immer noch über ihn: „Erbbiologe! Was wird der Bub' je mit seiner Erbbiologie verdienen, möchte ich wissen!" [5]. Zeit seines Lebens mußte Konrad Lorenz gegen Nichtbeachtung und direkte Entwertung durch seinen überaus erfolgreichen Vater, der selber dreimal zum Nobelpreis in Medizin vorgeschlagen worden war, ankämpfen. Die Realisierung kompensatori-

scher Größenphantasien ist eine der möglichen Antworten - Konrad Lorenz erhielt den Nobelpreis in Medizin, den sein Vater nicht erreicht hatte!

Forschungsergebnisse oder Kunstwerke, die eine solche Vorgeschichte aufweisen, müssen vehement verteidigt werden gegen entwertende Angriffe. Wo dies nicht gelingt, droht ein psychischer Zusammenbruch. So war z.B. die Konfiszierung der Bilder von Ernst Ludwig Kirchner im Rahmen der Aktion „Entartete Kunst" mitentscheidend für den Selbstmord des Künstlers in Davos, wo er den äußeren Umständen nach nichts zu befürchten gehabt hätte, sich gegen die schwere seelische Verletzung jedoch nicht schützen konnte.

Die Dramatik und Eindringlichkeit der Beispiele für kompensatorisch hochgesteckte Größenphantasien als Grundlage für später realisierte Erfolge läßt sich nahezu beliebig fortsetzen und steigern.

Durch Tageszeitungen und Illustrierten bekannt geworden ist Robert Edward Turner III., genannt Ted Turner. Der Gründer des Nachrichtensenders CNN hat den Vereinigten Nationen eine Spende von einer Milliarde Dollar versprochen, zu zahlen in jährlichen Raten von 100 Millionen Dollar. Das übersteigt den Jahresbeitrag von 178 der 185 Mitgliedsstaaten.

Ted Turner wurde mit größter Strenge und vielen Schlägen erzogen. Unterliefen ihm in den Augen des Vaters schwere Fehler, so wurde jedoch nicht er geschlagen, sondern er mußte seinen Vater schlagen. Als der Vater durch Selbstmord aus dem Leben schied, fühlte Ted Turner, damals 24 Jahre alt, sich im Stich gelassen, „Denn ich hatte mich darauf verlassen, daß er das Urteil fällt, ob ich erfolgreich bin oder nicht". Es hat den Anschein, daß Ted Turner die Vereinten Nationen an die Stelle des Vaters gesetzt hat und von hier sowohl die Bestätigung seines Erfolgs erwartet als auch eine Wieder-

gutmachung (Aussöhnung) dafür anstrebt, den Vater geschlagen zu haben.

An diesem Extrembeispiel wird deutlich, daß wir nicht nur von Größenphantasien zum Erfolg gezogen, sondern aus Angst vor dem Versagen zum Erfolg gejagt werden können. Die Größenphantasien werden hier zwecks Bewältigung der Ängste in Dienst genommen – oft ohne die Ängste überdecken zu können.

Die bislang beschriebenen Größenphantasien führten als Motiv und Motivation zu realen Handlungen und nachweisbaren kreativen Leistungen. Das grenzt sie ab von den sehr viel häufiger anzutreffenden Größenphantasien in Form von Tagträumen und vielen Gesprächen; sie leisten ihren Beitrag zur Selbststabilisierung, ohne darüber hinaus je in ein wie auch immer geartetes Werk zu münden. Wer die Lufthoheit über einem Rednerpult oder einem Stammtisch erobert und verteidigt hat, kann getrost nach Hause gehen. Wenn derartige Selbststabilisierungen nicht ausreichen, besteht die Gefahr einer Entgleisung, eines Umkippens in destruktive Formen der Kreativität.

Einer meiner Patienten, ein Medizinstudent, formulierte seine Größenphantasien folgendermaßen: „Ich werde der Größte! Entweder bekomme ich den Nobelpreis in Medizin, oder ich werde der größte Penner unter den Brücken von Paris!" Es handelt sich hier, wie allein schon dieser Ausspruch zeigt, um das, was wir „leere Größenphantasien" genannt haben. Fünf Jahre nach Beendigung der analytischen Psychotherapie, die ihm zumindest eine Beendigung seines Studiums, eine Arbeit als Assistenzarzt und schließlich den Kauf eines Porsche ermöglicht hatte, erreichte mich eines Morgens ein Brief von ihm. Er teilte mir mit, daß er tot sei, wenn ich seinen Brief lesen würde. Tatsächlich hatte er es mit einigem Aufwand so zu arrangieren gewußt, daß dieser und andere Briefe erst nach seinem Selbstmord mit der Post aufgegeben wurden.

Sein Selbstmord war eine letzte große, aufwendig und sorgsam geplante Inszenierung. Es scheint mir gerechtfertigt, in diesem Zusammenhang von einer destruktiven Kreativität zu sprechen. Ich war erschüttert, als ich seinen mich vollkommen unvorbereitet erreichenden Brief las. Auch fünf Jahre nach Abschluß der Therapie hatte ich den Kollegen noch lebhaft in Erinnerung. Ich sah, daß ich ihm nicht genug hatte helfen können. Alle Insuffizienzgefühle und Scham als Kehrseite der Größenphantasien, aber auch alle Trauer waren nun bei mir – und er uneinholbar weit weg.

Destruktive Kreativität zeigt sich jedoch nicht nur in Einzelschicksalen, sondern auch in grösseren gesellschaftlichen Zusammenhängen. Wenn die Größenphantasien eines Volkes und seines Führers sich aufblähen und schließlich scheitern, kehrt nicht nur der auf die Feinde projizierte Haß zurück. Er wird verstärkt durch die Enttäuschungswut, die von den gescheiterten Größenphantasien freigesetzt wird. Dann wird Frieden undenkbar und ein Werk der Selbstzerstörung zu Ende geführt. Daß jedem Ende ein neuer (kreativer) Anfang innewohne, klingt angesichts der Millionen von Toten erschreckend harmlos. Und trotzdem gilt selbst für dieses monströse Extrembeispiel, daß die Zerstörung alter innerer und äußerer Werte eine Vorbedingung des Neubeginns darstellen kann.

Zum Abschluß dieses ersten Kapitels zur Rolle der Größenphantasien in der Motivation zur kreativen Tätigkeit bleibt nun nur noch der Titel dieses Kapitels zu klären: Das Möhren-Phänomen. Es verdankt sich der altbekannten Geschichte vom Esel, dem vom Reiter an einer langen Stange eine Möhre vor die Nase gehalten wird, so daß er läuft und läuft und läuft.... Die Möhre ist das anspornende Motiv, sich bis an die Grenzen der eigenen Leistungsfähigkeit anzustrengen – und gegebenenfalls noch darüber hinaus. Die Frage nach dem Reiter ist ebenso

kritisch zu stellen wie die nach der Möglichkeit, eines Tages der Möhre habhaft zu werden. Wird sie nahrhaft sein – oder nur noch ein längst verschrumpeltes altes Gemüse?! Den Esel anzuhalten, um in gemeinsamer Arbeit Möhre und Reiter genau anzuschauen, das könnten wir Psychotherapie bzw. Psychoanalyse nennen.

Die Brutkasten-Funktion

Wer ein Gedicht oder einen Roman schreibt, ein Bild malt oder ein Lied komponiert, tut dies vor dem Hintergrund einer unüberschaubaren Fülle vergleichbarer Gedichte, Romane, Bilder und Lieder. Wer dieses Umfeld bewußt wahrnimmt, kann schnell mutlos werden. Die idealtypische Vorstellung wäre zwar, daß ein Künstler oder Wissenschaftler alle in Frage stehenden Vorbilder und Vorläufer zur Kenntnis nimmt, sie durcharbeitet, um schließlich und endlich seinen darauf aufbauenden eigenen Beitrag hinzuzufügen – aber die Beobachtung kreativer Prozesse zeigt eher andere Verläufe. Besonders klar hat dies der ungarische Ethnopsychoanalytiker Georges Devereux (1908 - 1985) formuliert: „Wenn ich eine Idee habe, sehe ich nicht danach, ob jemand anderes schon darüber geschrieben hat. Die Bibliographie füge ich immer am Schluß hinzu. Ich habe gelernt, daß mein Kopf nicht wie der der anderen funktioniert, und wenn ich eine Idee habe, ist die Wahrscheinlichkeit sehr groß, daß niemand sonst sie gehabt hat" [6]. Es ist natürlich eine Größenphantasie, wenn Devereux meint, sein Kopf funktioniere nicht wie der anderer Menschen. Längst vor ihm formulierte der erst 19jährige Bertolt Brecht: „Es ist so still im Lande. Ich höre nur meine eigene Stimme"[7]. Größenphantasien können Hilfen sein, um sich überhaupt erst an die Arbeit zu machen. Ohne dieses: „Das hat vor mir noch keiner gedacht/

gemacht!", würde vieles gar nicht erst begonnen. Wer zu Beginn eines großen Projektes all die Schwierigkeiten vor Augen hätte, die er bei der Erarbeitung zu bewältigen haben wird, könnte aufgeben, bevor er begonnen hat – und exakt dies trifft auf viele Menschen zu. Sie sehen die sich auftürmenden Schwierigkeiten und beginnen gar nicht erst zu klettern. Derjenige, dem Größenphantasien zur Verfügung stehen, fliegt über das Gebirge der Realität (Vorläufer und Konkurrenten) hinweg und schaut das Land, das zu erobern er sich anschickt.

Die hier in Frage stehenden Größenphantasien können dabei durchaus mehr oder weniger selbstkritisch gefärbt sein. Sie reichen von Arthur Schopenhauers Ausspruch: „Bescheidenheit bei mittelmäßigen Fähigkeiten ist bloße Ehrlichkeit; bei großen Talenten ist sie Heuchelei!", bis zur Aussage von Friedrich Schiller während seiner Arbeit am „Wallenstein": „Ohne einen gewissen kühnen Glauben an mich selbst würde ich schwerlich fortfahren können!" Der als kühn eingestufte Glaube an sich selbst ist notwendig, da umfangreiche, langdauernde kreative Prozesse den schöpferischen Menschen in Bereiche der Einsamkeit führen, vor allem durch eine (partielle) Zerstörung des bislang Vertrauten. Grundlegend Neues kann nur errichtet werden, wenn zuvor alte Denk-, Handlungs- und Erlebensmuster aufgebrochen werden. Spannungsgefühle, Orientierungs- und Hilflosigkeit sowie Ängste breiten sich aus. Eindrücklich hat z.B. Carl Gustav Jung (1875 – 1961) seine inneren Erlebnisse beschrieben, nachdem er sich von Sigmund Freud als Begründer der Psychoanalyse abgewandt hatte. Er geriet in eine schwere seelische Krise, in der er in sich die Grundlagen seines eigenen psychologischen Lehrgebäudes entdeckte und formulierte. Die Grenzbereiche seiner Persönlichkeit, in die er dafür blicken mußte, ließen in ihm als Psychiater größte Sorge vor einem psychischen

Zusammenbruch aufsteigen: „Ich lebte ständig in einer intensiven Spannung, und es kam mir oft vor, als ob riesige Blöcke auf mich herunterstürzten. Ein Donnerwetter löste das andere ab. Daß ich es aushielt, war eine Frage der brutalen Kraft. Andere sind daran zerbrochen. Nietzsche und auch Hölderlin und viele andere. Aber es war eine dämonische Kraft in mir, und von Anfang an stand es für mich fest, daß ich den Sinn dessen finden mußte, was ich in den Phantasien erlebte.

Das Gefühl, einem höheren Willen zu gehorchen, wenn ich dem Ansturm des Unbewußten standhielt, war unabweislich und blieb Richtung gebend in der Bewältigung der Aufgabe"[8]. Aniela Jaffé, die diese Erinnerungen aufzeichnete, spürte noch Jahrzehnte später deutlich die Erregung, als Jung ihr über diese lang zurückliegende Zeit berichtete. Jung schlug ihr als Motto dieses zentralen Kapitels seiner Biographie eine Textzeile aus der Odyssee vor: „Froh, dem Tode entronnen zu sein".

Zu den inneren Turbulenzen treten die Reaktionen der Umwelt hinzu. Sie sind selten von Unterstützung geprägt und reichen eher von Unverständnis über Kritik bis zu Hohn und Spott, z.B. in der Art: „Toll, Sie malen wir Mozart!" - „Aber Mozart war Komponist. Der konnte doch gar nicht malen !" - „Eben".

Robert Gernhardt hat die Notwendigkeit, die eigenen Ideen und Meinungen zu sichern, abzugrenzen, in seinem Gedicht „Dorlamm meint" treffend formuliert [9]:

Dichter Dorlamm läßt nur äußerst selten
andre Meinungen als seine gelten.

Meinung, sagt er, kommt nun mal von mein,
deine Meinung kann nicht meine sein.

Meine Meinung – ja, das läßt sich hören!
Deine Deinung könnte da nur stören.

Und ihr andern schweigt! Du meine Güte!
Eure Eurung steckt euch an die Hüte!

Laßt uns schweigen, Freunde!
Senkt das Banner!
Dorlamm irrt. Doch formulieren kann er.

Zur Stabilisierung der hilfreichen Größenphantasien im kreativen Prozeß gibt es sowohl bewußte als auch unbewußte Hilfsstrategien. Zu den bewußten gehören z. B. ein bewußter Rückzug von Beeinflussungsmöglichkeiten.

Ein befreundeter Künstler berichtet mir, daß er während der Zeiten intensiven Malens bewußt vermeide, Galerien oder Ausstellungen zu besuchen, wo er möglicherweise Bilder sehen könnte, die ihn in ihrer gelungenen Lösung der ihn aktuell beschäftigenden formalen Probleme mutlos machen könnten.

Zur (bewußten?) Sicherung eigener Größenphantasien gehört auch das „gezielte Vergessen". Wer will schon kundtun, auf wessen Schultern er steht, statt weidlich die Möglichkeiten auszunutzen, möglichst viel der eigenen Kraft zuzuschreiben?! Auch wenn es den Idealen zumindestens des wissenschaftlichen Arbeitens entspricht, so hat bei weitem nicht jeder die Größe, sich als den Zwerg zu bezeichnen, der auf den Schultern eines Riesen steht und allein deshalb weiter schauen kann als dieser. (Die Figur des Riesen mag gegebenenfalls auch durch eine Pyramide von Zwergen – oder normal groß gewachsenen Menschen – ersetzt werden.) Gerade auch die psychoanalytische Fachliteratur ist nicht arm an Hinweisen darauf, wer wen nicht zitiert, aber ausgeplündert hat. Daß dies auch (zumindest teilweise) unbewußt geschehen kann, zeigt das folgende Beispiel.

Ich erinnere mich noch gut an eine eigene unbewußt abgelaufene Denkoperation, mit deren Hilfe ich mir die Priorität für einen Einfall selbst statt einer Kollegin zuschreiben wollte.

Am 3. November 1984 bereitete ich mich auf das Kapitel „van Gogh und die Grenzen der Psychopathographie" für mein Buch „Grenzgänger zwischen Kunst und Psychiatrie" vor. Dabei las ich noch einmal die mir vorliegende Literatur, u. a. einen Artikel von M. Putscher (1980) zu diesem Thema. Im Rahmen meiner Überlegung gelangte ich am Abend zu der Erkenntnis, daß die Diagnosen „Epilepsie" oder „Schizophrenie", bzw. ganz allgemein das Schlagwort „Genie und Irrsinn" eine Abwehrfunktion haben, und zwar eine Abwehr von Angst- und Neidgefühlen. Es geht um die Angst vor der radikalen Neuorientierung, die in großen Ideen liegt. Was wäre, wenn mir das passiert? Traute ich mich, das dann durchzufechten, mich derartig aus dem gewohnten Kontext herauszustellen? Neidgefühle könnten um die Frage kreisen: „Wieso bringe ich das nicht fertig, großartig und weltberühmt zu werden?!" Die Abwehr der Angst- und Neidgefühle ließ sich zusammenfassen in dem Satz: „Ich brauche nicht ängstlich oder gar neidisch zu sein, denn um solch großartige Dinge zu machen müßte man ja Epileptiker, Schizophrener oder sonstwie irre sein – nein danke, das will ich nun wirklich nicht!"

Ich war mit diesem Einfall sehr zufrieden und beschloß, ihn an das Ende meines Kapitels zu setzen. Erst bei der erneuten Lektüre des Putscher-Artikels am darauffolgenden Tag fiel mir auf, daß ganz zu Beginn etwas prinzipiell ähnliches geäußert wurde: „Zu den mannigfachen Möglichkeiten, sich vor dem Übermaß an Ansprüchen zu schützen, die Kunstwerke an ihre Zeitgenossen und deren Nachfahren stellen, gehört seit dem Beginn unseres Jahrhunderts auch die ärztliche Diagnose." Dies war nun exakt mein „selbstgefundener Ansatz" vom Abend zuvor. Ich hatte „vergessen" diese Zeilen gelesen zu haben. Bei dem Versuch, mein Vergessen zu verstehen (deshalb auch das seinerzeitige Gedächtnisprotokoll) stieß ich auf meine

ambivalente Einstellung zur Autorin des Artikels. Einerseits bewunderte ich den weiten Horizont ihrer Darstellungen, anderseits kam mir vieles wie hingetupft vor, ohne daß Belege oder Begründungen für die gemachten Behauptungen von ihr geliefert wurden. Nun hatte ich also ihre Anregung aufgegriffen, weiter ausgearbeitet (meiner Kritik also Rechnung getragen), meine ambivlente Einstellung verhinderte aber zunächst, mich des Artikels als Anreger zu erinnern. Zu meiner Verteidigung darf ich anführen, daß ich den Artikel der Kollegin im Buch zum Vergleich angegeben habe. Erst bei der Bearbeitung der Neuauflage 1998 bemerkte ich allerdings den Druckfehler, der sich dabei eingeschlichen hatte: „Putscher 1982" heißt es im Text, korrekt wäre die Jahreszahl 1980 gewesen. Eine Literaturangabe „Putscher 1982" gibt es gar nicht ... na ja, das Unbewußte ist schlau, sagte schon Sigmund Freud.

Der Rückzug von Beeinflussungsmöglichkeiten, das gezielte Vergessen von Vorbildern etc. – alle diese „vatermörderischen (muttermörderischen!) Impulse"–scheinen bevorzugte Interaktionsformen und Sicherungsmechanismen der Moderne zu sein. Künstler früherer Jahrhunderte standen bewußt in und zu einer Tradition. Sie bedienten sich anderer Sicherungsmechanismen ihrer Größenphantasien, indem sie auf idealisierte Vorbilder zurückgriffen, diese kopierten, sich mit ihnen identifizierten, Formen und Gedanken dabei weniger rasant weiterentwickelten.

So phantasierte sich z. B. der Schriftsteller und Philosoph Machiavelli (1469 –1527) in der Einsamkeit seiner politischen Verbannung in eine Runde gleichberechtigter Gesprächspartner. In einem Brief an seinen Freund Vettorini schreibt er: „Ist es Abend geworden, gehe ich nach Hause und kehre in mein Arbeitszimmer ein. An der Schwelle werfe ich das schmutzige, schmierige Alltagsgewand ab, ziehe mir eine

königliche Hoftracht an und bewege mich nun, passend gekleidet, in den Hallen der Großen des Altertums: Ich werde von ihnen liebevoll aufgenommen, und hier nehme ich die Nahrung zu mir, die allein mir angemessen ist und für die ich geboren bin. Hier darf ich ohne Scheu mit ihnen reden (...) und weil Dante sagte, es gibt keine Wissenschaft ohne Bewahrung des Durchdachten, habe ich die Essenz von dem, was ich durch die Gespräche mit ihnen gelernt habe, niedergeschrieben ...“ [(10)].

Die beschriebenen innerseelischen Sicherungsmechanismen der Größenphantasien können ergänzt oder ersetzt werden durch zwischenmenschliche Arrangements. Hierbei werden nun andere Menschen mit Größenphantasien besetzt. Entweder werden sie in die Vorstellungen eigener Größe miteinbezogen („Wir machen das schon!“), oder aber die Grössenphantasien werden beim Gegenüber gesucht – bzw. dort in Sicherheit gebracht. Die eigene Person wird von Zweifeln und Gefühlen der Unvollkommenheit geplagt, vom idealisierten Anderen werden Schutz, Zuspruch und Hilfe erwartet. Zwei Beispiele hierzu seien angeführt; es handelt sich um die Schilderung eines tagtäglichen Rituals im Hause Picasso sowie um ein spontanes Arrangement.

Pablo Picasso wird von seiner Ehefrau Francoise Gilot in ihrem Buch „Leben mit Picasso“ beschrieben als ein am Morgen immer wieder klagender, ja depressiv wirkender Mann [(11)]. Ihre Aufgabe Tag um Tag war es, ihm im Bett und beim Frühstück zu versichern, daß er ein guter Maler sei und heute wieder wunderbare Bilder malen würde. Gegen 14.00 Uhr hellte sich dann die Miene des Künstlers auf, er eilte ins Atelier und arbeitete voller Konzentration und Erfolg bis ca. 2.00 Uhr nachts.

Dieses festgefügte eigentümliche Ritual zwischen Picasso und seiner Frau wirkt am ehesten so, als sei es für den Künstler wichtig

gewesen, seine Frau in einer bestimmten Rolle zu fixieren, und zwar derjenigen der von seinen Fähigkeiten felsenfest überzeugten Bewunderin. Die Genese des Rituals enthüllt ein bekannter, sogar auf Postkarten (Postkartenverlag der Gebr. König, Köln) verbreitete Ausspruch Picassos: „Als ich ein Kind war, sagte meine Mutter zu mir: »Wirst du Soldat, so wirst du General werden. Wirst du Mönch, so wirst du Papst werden.« Ich wollte Maler werden, und ich bin Picasso geworden".

Die Widerspiegelung eigener – das Selbst stabilisierender – Größenphantasien im Gegenüber (zur Sicherung der Brutkasten-Funktion) ist auch das Thema des nächsten Beispiels.

Anfang der 80er Jahre wurde ich von vier Künstlern gebeten, das Vorwort zu einer ihrer gemeinsamen Editionen zu schreiben. Einer der Künstler war mit einer eigenen Komposition vertreten und wollte diese für die Edition auf eine Schallplatte pressen lassen. Ich war eingeladen, mir zuvor seine Komposition in seinem Atelier anzuhören. Zum vereinbarten Termin an einem sehr kalten Wintertag suchte ich meinen Weg über einen dunklen Hinterhof zu dem einzig erleuchteten Fenster einer Wohnung über einer Lagerhalle. Nachdem ich durch ein nur spärlich beleuchtetes Treppenhaus zur Wohnungstür gelangt war, führte mich der Künstler in das einzige geheizte Zimmer der ansonsten relativ großen, aber fast unmöblierten kalten Wohnung. Durch das undichte Dach, so erzählte er mir, drang Wasser ein, das an den Wänden inzwischen gefroren war. Der circa 6 m^2 große Raum beherbergte ein Bett quer vor dem Fenster, einen Tisch mit Synthesizer und anderen Geräten der elektronischen Klangerzeugung sowie einen Stuhl. Ich wurde gebeten, auf dem Bett Platz zu nehmen. Trotz der freundlichen Atmosphäre des Empfangs fühlte ich mich sehr unwohl, bedrückt, traurig: Die Lebensumstände hatte ich mir nicht so eingeschränkt-ärmlich vor-

gestellt, ich wurde mit exakt der materiellen Künstlerexistenz konfrontiert, die mich davon abgehalten hatte, selber eine Kunstakademie zu besuchen.

Im Verlauf der nächsten Stunde erlebte ich dann jedoch eine Verwandlung als Rezipient dieser Situation. Der Komponist legte Wert darauf, daß ich mich auf das Bett legte, um entspannt und konzentriert seine Komposition hören zu können. Je länger ich der Musik lauschte, desto mehr veränderte sich meine durch das Ambiente gedrückte Stimmung. Dies war nicht der Musik zuzuschreiben, die ich in ihrer Qualität nicht recht zu würdigen wußte, da mir sowohl das Wissen als auch die Hörerfahrung fehlten. Es war die vom Künstler in diesem Raum hergestellte Atmosphäre, die mich diese 6 m^2 als die Keimzelle der Kreativität, als das zukünftig ausstrahlende Zentrum bedeutender Kompositionen erleben ließ. Fast möchte ich sagen, das Zimmer begann zu leuchten und sein dunkles und kaltes Umfeld zu überstrahlen. Ohne es zum damaligen Zeitpunkt theoretisch benennen zu können, war mir intuitiv klar, daß es dem Künstler gelungen war, mich an seinen Größenphantasien – ohne große Worte oder Gesten! – teilhaben zu lassen, sie sich in mir widerspiegeln zu lassen. Er selbst stabilisierte sich so mit mir als Ein-Personen-Publikum in einer Weise, die ansonsten eher für große gelungene Konzerte typisch ist.

Die stabilisierende Bedeutung von Größenphantasien in den unsicheren und verunsichernden Phasen kreativer Prozesse dürfte damit deutlich genug herausgestellt sein, wenngleich nicht alle Facetten der zu ihrer Unterstützung und Aufrechterhaltung herangezogenen intrapsychischen und interaktionellen Mechanismen benannt werden konnten.

Ein sehr bewußter und reifer Umgang mit Größenphantasien sei anhand zweier Zitate noch angefügt. Erst nach einer Überwindung

andrängender Ängste vor Versagen und Bedeutungslosigkeit können Größenphantasien offen ausgesprochen und ggf. auch humorvoll formuliert werden. So ist von Karl Kraus der Satz überliefert: „Ich bin berühmt, aber es hat sich noch nicht herumgesprochen". Von dem holländischen Autor Harry Mulisch habe ich in einem Interview den ebenfalls schönen paradoxen Satz gelesen: „In Holland bin ich weltberühmt."

Wer solcher Art mit seinen Größenphantasien umgehen kann, hat bereits soviel Zustimmung erfahren und verinnerlichen können, daß er dem schützenden Brutkasten zumindest teilweise entwachsen ist. Daß die fördernde und schützende Brutkasten-Funktion der Größenphantasien auch in ihr Gegenteil umschlagen kann, sei abschließend in einem kurzen Überblick zusammengefaßt.

Ein (zu) früher Erfolg eines Künstlers führt zu einem Ineinanderfallen von Phantasie und Realität. Dieses „glückvolle Heureka-Gefühl", wie wir es nennen könnten, kann stimulierend wirken getreu einem Motto der Erfolgstrainer: „Das beste Stimulans für Erfolg ist Erfolg!" Es kann jedoch auch zu einer Bindung an den ersten Erfolg kommen, Angst vor Mißerfolgen wachsen lassen oder leicht die ins Unrealistische sich entwickelnde Größenphantasien schüren, es sei ganz leicht, Erfolg zu haben, nur andere müßten sich quälen und warten und warten. Auf diese Weise kann es zu einer Fixierung der Entwicklung kommen. Nur wenige Künstler finden zu einer so eleganten und konsequenten Lösung wie Marcel Duchamp (1887 – 1968), der 1925 die Malerei und seine Ready-mades fast vollkommen aufgab und fortan vor allem Schach spielte. Die Kraft seiner innovativen Ideen wirkt bis heute ungebrochen fort, ungetrübt durch ewige Selbstzitate oder ein mediokres Spätwerk wie bei manch anderem Künstler. Größenphantasien können sich je-

doch auch über einen kritischen Punkt hinaus aufblähen und dadurch zu einer Störung des kreativen Prozesses führen. Richten sich die Größenphantasien auf die eigene Person, so mag der Betreffende sich zwar großartig fühlen („Ich bin der Größte !") – dafür aber leidet die kritische Selbstreflektion.

Anstrengung und konsequente Arbeit müssen dann, um ein Beispiel zu nennen, vermieden werden, da nur eine künstlerische Leistung ohne Anstrengung (nur aus der großen Geste, dem Willen heraus) als Beweis für die eigene Großartigkeit gilt: „Hätte ich mich angestrengt, wäre sowieso klar, daß alle applaudieren" – so etwa könnte die Größenphantasie lauten, die mittels unangestrengter Produktion noch übertroffen werden soll. Der kreative Prozeß wird durch eine solchermaßen verwendete Größenphantasie weder gefördert noch geschützt, sondern letztlich torpediert.

Wird eine übersteigerte Größenphantasie auf das zu schaffende Werk gerichtet, kann dies entweder zu einer Arbeitshemmung führen, oder es muß unablässig an der Vervollkommnung des Produkts gearbeitet werden. Allenfalls Fragmente oder vorläufige Fassungen können der Öffentlichkeit zugänglich gemacht werden.

Nektar und Ambrosia

Der kreative Prozeß endet keineswegs mit der Fertigstellung eines Produkts – nun geht es darum, seine Besonderheiten gegenüber Konkurrenzprodukten herauszustreichen (herauszustreiten!), es gegen Angriffe zu verteidigen, kurzum, es geht darum, das Gedicht, den Roman, das Gemälde bekannt zu machen. Es beginnt die Odyssee durch Agenturen, Lektorate und Galerien. Kreative Produkte, die diese letzte Phase des kreativen Prozesses nicht durchlaufen haben, entziehen sich unserer Kenntnis

und Beurteilung, sie haben – von ganz wenigen Ausnahmen abgesehen – den Schreibtisch, die Staffelei oder die Schublade ihres Schöpfers nie verlassen.

In der Auseinandersetzung mit Konflikten, mit Idealen und Introjekten sind Motive gewachsen, deren Umsetzung in die Realität von Größenphantasien gefördert und geschützt wurde. Nun sind andere Fähigkeiten gefragt. Es geht um reale Interaktionen mit Überzeugungsarbeit, Hartnäckigkeit, Durchsetzungskraft etc. – auch sie, so könnten wir sagen, bedürfen der laufenden Stützung durch Größenphantasien, um einen ggf. über Jahre oder Jahrzehnte sich hinziehenden Kampf um Anerkennung durchzustehen. Arthur Schopenhauer und Friedrich Nietzsche, um nur zwei berühmte Beispiele zu nennen, mußten über Jahrzehnte auf Anerkennung warten; andere, wie z.B. van Gogh, haben die Begeisterung für ihre Werke nie erlebt. Um den Erwerb von Nektar und Ambrosia, um Göttertrank und Götterspeise, die den Göttern die Unsterblichkeit verliehen, geht es in dieser den kreativen Prozeß abschließenden Phase. Meist werden wir uns dabei allerdings mit der irdischen Variante des Nektar zufriedengeben müssen, aus dem die Insekten immerhin den Honig als hochkalorige Speise für Tier und Mensch gewinnen.

Daß ein Autor oder Maler seine Werke schätzt, vielleicht sogar liebt, wie Eltern ihre Kinder lieben, mag eine gängige Vorstellung sein. Das eigene Werk wird in diesem Falle idealisiert, mit all den Größenphantasien besetzt, die seine Entstehung bereits begleitet haben. Der deutsche Dramatiker Carl Sternheim (1878 – 1942) hat dieses Verhältnis zu seinem Werk in einem Brief aus dem Jahre 1904 besonders klar zum Ausdruck gebracht: „Ich las im Bett mein Werk »Ulrich und Brigitte« und bin im Tiefsten aufgewühlt über meine große Kunst. Bei Gott, das ist ein Werk, das die Jahrhunderte über-

dauert. Wer sich dem Geiste, der dieses schuf, widersetzt, der hat das Urteil über sich gesprochen." Nicht anders tönte Ernst Bloch in jungen Jahren: „Wer mich ablehnt, ist von der Geschichte gerichtet." Angesichts dieser geballten Ladung von Größenphantasien, die sich auf Werk und Person gleichermaßen richten, klingt der Ausspruch von Ludwig Marcuse schon gemäßigter: „Ich beweise meinen Mut und besinge meine Produkte". Hier nun kommt eine mutig angegangene erste Unsicherheit zum Ausdruck, die bei den erstgenannten Autoren mit großer Geste vom Tisch gewischt wird (werden mußte, um Unsicherheitsgefühle und Zweifel unbewußt zu halten?!).

Ganz andere Verhältnisse ergeben sich, wenn jeweils nur das Werk oder die Person mit Größenphantasien besetzt werden. So finden wir die Besetzung des Werkes mit Größenphantasien bei gelebter/erlebter Bescheidenheit des Künstlers. Für das Werk kann in diesem Falle gekämpft werden, so wie eine bescheidene und für sich persönlich nur wenig fordernde Mutter vehement für den Erfolg ihrer Kinder kämpft. Auf dem Umweg über das Werk (geschützt und gefiltert durch das Werk) kommen Lob und Bewunderung auf den Produzenten zurück.

Auf den ersten Blick weniger verständlich erscheinen Entwertungen der Werke durch den Künstler selbst. Dies kann dem bekannten Mechanismus entsprechen, eine gefürchtete Kritik dadurch zu mildern, daß man sie bereits selber vorwegnimmt. Eine Entwertung des Werkes kann aber auch dem Schutze von Größenphantasien dienen, indem zwischen Werk und Person eine Zäsur gesetzt und die Größenphantasien stets auf das nächste zu schaffende Werk gerichtet werden. Kritik, die sich auf ein bereits bestehendes Werk richtet, kann unter Hinweis auf das so unendlich bessere nächste Werk abgemildert werden. Kommt diese Kritik

nicht von außen, sondern von innen, so können wir von (zu) hochgespannten Größenphantasien ausgehen.

In der Beschreibung der Beziehungen zwischen dem Künstler und seinem fertiggestellten Werk ist bereits mehrfach das Publikum als der Dritte im Bunde, als Gruppe der Bewunderer oder Kritiker, eingeführt worden. Ohne die Auseinandersetzung mit dem erst kleinen (Partner, Freunde, Lektor, Verleger, Galerist), später hoffentlich größerem Publikum („die an Kunst interessierte Öffentlichkeit") fließt weder Honig im Hier und Jetzt (Tantiemen, Honorare etc.) noch ist Nachruhm zu erwarten. Wir könnten hier von „primärem und sekundärem Kunstgewinn" sprechen: Konnte der Künstler seinen eigenen Größenphantasien entsprechen und/oder einem in ihm tobenden Konflikt Ausdruck geben, so wäre von einem „primären Kunstgewinn" zu sprechen; unter „sekundärem Kunstgewinn" wären dann Lob, Anerkennung und all die narzißtischen Zuwendungen zu verstehen, die vom Publikum dem Künstler entgegengebracht werden und ihm ein schrittweises Aufgeben der eigenen, ihn schützenden Größenphantasien ermöglichen. Künstler auf der Bühne bei und nach Theateraufführungen, Musikdarbietungen und Lesungen können den „sekundären Kunstgewinn" sehr direkt erleben, bildende Künstler und Schriftsteller – von Vernissagen und Lesungen abgesehen – eher indirekt.

Eine Künstlerin schilderte mir das Problem des nur indirekt erfahrenen „sekundären Kunstgewinns" mit folgenden Worten: „Was habe ich davon, daß mein Bildzyklus im Museum in Berlin hängt?! Ich höre doch nicht, was die Menschen sagen. Ja, das Besucherbuch, das ist schon toll, all diese Eintragungen, all diese Betroffenheit, die meine Bilder ausgelöst haben, all das Lob. Aber sonst bin ich doch allein in meinem Atelier! Ab und zu kommen Zeitungsberichte oder auch nur Notizen, na ja ..." So, wie

ein Buch oder ein Bild einen Schutz vor unmittelbaren Kränkungen und Entwertungen darstellt, so ist es für die direkte Bestätigung der Größenphantasien zugleich auch ein Hemmnis. Der erfolgreiche Künstler bzw. das von ihm geschaffene Werk vereinen, bezogen auf unser Thema, die Größenphantasien des Publikums auf sich. Das Publikum identifiziert sich mit ihm und/oder seinem Werk und nimmt so teil an seiner Größe. Letztlich erhalten die Leser, Betrachter, Hörer ihre eigenen Größenphantasien, angefüllt durch die Werke des bewunderten Künstlers, zurück und können sie getrost nach Hause tragen. Hierin liegt die Magie großer Namen und die Magie von Signaturen auf Bildern und in Erstausgaben, hier sprudelt auch eine der Quellen der Motivation für Kunstsammler.

Als Manager des eigenen (Nach-) Ruhms sind Künstler oft sehr kreativ, um den Austauschprozeß mit dem Publikum in Gang zu setzen und zu halten. So wurde z. B. Peter Handke schon vor der Publikation seines Erstlingswerkes „Publikumsbeschimpfung" (1966) dadurch einer breiteren Medienöffentlichkeit bekannt, daß er bei einer Tagung der „Gruppe 47" in Princeton 1966 die anwesenden Schriftsteller mit der Aussage provozierte, das Vorgelesene sei „läppische Beschreibungsliteratur"; gleichzeitig trug er eine blaue Mütze mit hohem Wiedererkennungswert. Der Medienforscher H. M. Kepplinger [12] schrieb über Handke, er sei „der erste Schriftsteller der Weltliteratur, dessen durch die Massenmedien verbreiteter literarischer Ruhm seinem literarischen Werk so schnell folgte, daß er vorher eintraf."

Dem Thema angemessen möchte ich dieses Kapitel mit den Phantasien über die Lebensdauer kreativer Werke abschließen. Hier stoßen wir auf das Thema der Unsterblichkeit, auf Nektar und Ambrosia. In der Überwindung unserer Todesfurcht und der Sehnsucht nach Unsterblichkeit haben Größenphantasien von jeher ihre

stärksten Anreize erfahren; daß es sich um für den Einzelnen nicht überprüfbare Phantasien handelt (niemand erlebt den eigenen Nachruhm) und Historiker, von Ausnahmen abgesehen, eher gegenteilige Mitteilungen bereithalten, muß mit Hilfe der Größenphantasien verleugnet werden. So wird z. B. heute von Kunsthistorikern angenommen, daß bis zu 90 % der Bilder des 17. Jahrhunderts, des „Goldenen Jahrhunderts der niederländischen Malerei" vernichtet sind, selbst Gemälde bedeutender und bis heute geschätzter Künstler. Selbst wenn ein Kunstwerk den Lauf der Zeit überstanden hat, so entspricht es doch lediglich einer Phantasie, wenn der Narzißmusforscher Heinz Kohut z. B. behauptet, „daß ein Kunstwerk, wenn es einmal vom Künstler vollendet ist (...) sacro-sanct geworden ist und im Prinzip von niemandem mehr verändert werden kann, was immer seine Unvollkommenheit und die denkbaren Verbesserungen auch sein mögen" [13]. Kohut wiederholt hier die Größenphantasien lebender Künstler. Die Auseinandersetzungen der Literaturwissenschaftler um Ur-Fassungen später gekürzter, umgestellter oder entstellter Texte niemand – erst recht der Umgang von Regisseuren mit „Textmaterial"– ergibt ebenso ein anderes Bild wie auch die Mitteilungen vieler Kunsthistoriker, Musikwissenschaftler und vor allem vieler Kunstrestauratoren.

Ein besonders schönes Beispiel berichtete mir ein Gemälderestaurator aus seiner viele Jahre zurückliegende Ausbildungszeit. Seinerzeit sei eines der seltenen Gemälde von Adriaen Brouwer (um 1605/06 – 1638) zur Restaurierung in die Werkstatt gebracht worden. Es zeigte einen jungen Mann, der aus einem sehr großen Kelch trank. Den Restauratoren kamen die Größenverhältnisse des Kelches eigentümlich vor. Das Rätsel lüftete sich, als das Bild aus dem Rahmen genommen wurde und – unter der Rahmenleiste bislang verdeckt – die in ky-

rillischen Buchstaben geschriebene Mitteilung eines russischen Restaurators erschien. Sinngemäß lautete seine Mitteilung: „Lieber Restaurator-Kollege. Bitte entschuldige, daß ich das Bild so verändert habe. Aber der Auftraggeber wollte es so, und ich habe eine Frau und sieben Kinder zu ernähren. Wenn es dem zukünftigen Besitzer nicht gefällt, kann der Pokal ja wieder entfernt werden." Als die Restauratoren den nachträglich aufgemalten Pokal sorgsam entfernten, kam ein großes Fleischstück zum Vorschein, in welches der junge Mann herzhaft hineinbiß. Dieses Motiv paßte nun besser zur Derbheit und Drastik eines Adriaen Brouwer, es hatte aber nicht zur Kunstauffassung eines der späteren Besitzer des Bildes gepaßt.

Nektar und Ambrosia weisen in der Realität unserer Welt nur eine stark eingeschränkte Halbwertzeit auf. Wo Größenphantasien sind, da sind Enttäuschungen und Kränkungen nicht weit, auch wenn diese keineswegs zu einem Umkippen in Minderwertigkeitsgefühle führen müssen oder sollten.

Wie man (selbst-)ironisch mit Größenphantasien und Nachruhm umgehen kann, hat jüngst der Bildhauer Bogomir Ecker demonstriert [14]. Für seine in der Hamburger Kunsthalle installierte „Tropfsteinmaschine", die in einem Kellerraum des Museums einen Stalaktiten und einen Stalakmiten ganz real entstehen läßt, geht Ecker von einem Wachstum dieser Steinskulpturen von zehn Millimetern in einhundert Jahren aus. Vorsorglich hat der Künstler mit der Stadt Hamburg einen Vertrag über fünfhundert Jahre abgeschlossen...

Zum Abschluß: Einige Größenphantasien über Größenphantasien

Zu Beginn der Bearbeitung dieses Themas war ich fasziniert davon, einen Beitrag ohne je-

de Literaturangabe zu schreiben. Ein Text über Möhren, Brutkästen, Nektar und Ambrosia usw., der großzügig über jegliche Fachliteratur hinwegschweben würde. Eine Identität von Inhalt und Form stand mir vor Augen. Da in der zunehmenden Auseinandersetzung mit diesem Thema diese Darstellungsweise mir immer unzureichender erschien und ich auch das Unverständnis fürchtete, auf das ein solcher Text stoßen würde, konnte und mußte ich diese Größenphantasie bearbeiten und so weit transformieren, daß die Ursprungsideen nur noch die Gliederung und Titelüberschriften abgaben.

Die andere Größenphantasie, dieses Thema erschöpfend zu behandeln, konnte ich pflegen, so lange ich Einfälle und Literatur sammelte. Spätestens bei der Niederschrift des Manuskripts mußte ich mich auch von dieser Phantasie verabschieden. Viele Notizzettel sind liegengeblieben und haben keinen Niederschlag im fertigen Text gefunden. Dies gilt für die möglichen Unterscheidungen zwischen künstlerischer und wissenschaftlicher Kreativität in Abgrenzung zu dem, was wir „Alltags-Kreativität" nennen könnten sowie für die zahlreichen Verflechtungen des Themas mit unterschiedlichen theoretischen Ansätzen. Auch das spannende Thema kollektiver und institutionalisierter Größenphantasien konnte nur gestreift werden. Und welche Funktion haben Drogen im kreativen Prozeß hinsichtlich der Förderung und Aufrechterhaltung von Größenphantasien?

Das Thema, so denke ich mir jetzt, könnte genug Material für ein ganzes Buch bereithalten. Ob das nun wiederum eine Größenphantasie ist?

Anmerkungen

1) Kirchner, E.L. : Briefe an Nele. Piper, München 1961, S. 34

2) Höller, J. : Alles ist möglich – Strategien zum Erfolg. Econ, Düsseldorf, 2. Aufl. 1996

3) Jones, E. : Sigmund Freud. Band 1. Die Entwicklung der Persönlichkeit und die großen Entdeckungen 1856 – 1900. Huber, Bern/Stuttgart/Wien, 2. Aufl. 1978, S. 16

4) Berggruen, H. : Hauptweg und Nebenwege. Erinnerungen eines Kunstsammlers. Nicolaische Verlagsbuchhandlung, Berlin 1996

5) Bischof, N. : Gescheiter als alle die Laffen. Ein Psychogramm von Konrad Lorenz. Rasch und Röhring, Hamburg 1991

6) Duerr, H.P. (Hrsg.) : Die wilde Seele. Zur Ethnopsychoanalyse von Georges Devereux. Suhrkamp, Frankfurt/M. 1987, S. 19

7) Dieses Zitat wie auch die folgenden von A. Schopenhauer, F. Schiller, K. Kraus, C. Sternheim, E. Bloch und L. Marcuse wurden dem Buch entnommen von Schneider, W. : Die Sieger. Wodurch Genies, Phantasten und Verbrecher berühmt geworden sind. Piper, München 1996

8) Jaffé, A. (Hrsg.) : Erinnerungen, Träume, Gedanken von C.G. Jung. Walter, Olten 1971, S. 180

9) Gernhardt, R. : Gedichte 1954 – 1994. Hafmanns Verlag, Zürich 1996, S. 130

10) Böhmer, O.A. : Sternstunden der Philosophie – Schlüsselerlebnisse großer Denker von Augustinus bis Popper. Beck, München 1998, S. 22

11) Gilot, F. und Lake, C. : Leben mit Picasso. Diogenes/Bertelsmann, Zürich und München 1980

12) Kepplinger, H.M. : Realkultur und Medienkultur. Literarische Karrieren in der Bundesrepublik. Freiburg 1975

13) Kohut, H. : Narzißmus. Eine Theorie der psychoanalytischen Behandlung narzißtischer Persönlichkeitsstörungen. Suhrkamp, Frankfurt/M. 1973, S. 349

14) Ecker, B. und Meeske, S.K. : Die Tropfsteinmaschine – Entwurf. Emotope Büro Berlin, Berlin 1987

Abbildungsverzeichnis

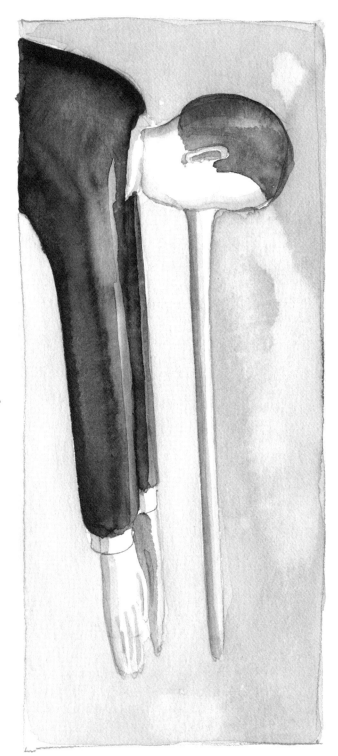

b

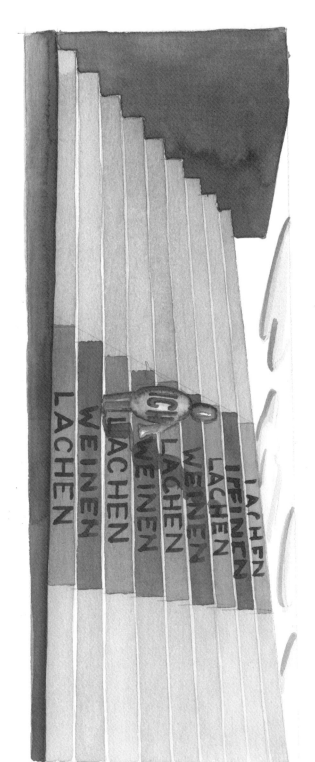

SOHN

VATER

HEILIGER
GEIST

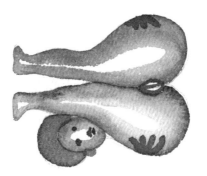

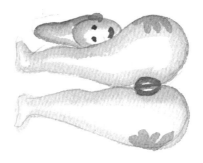

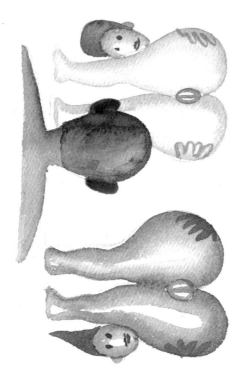

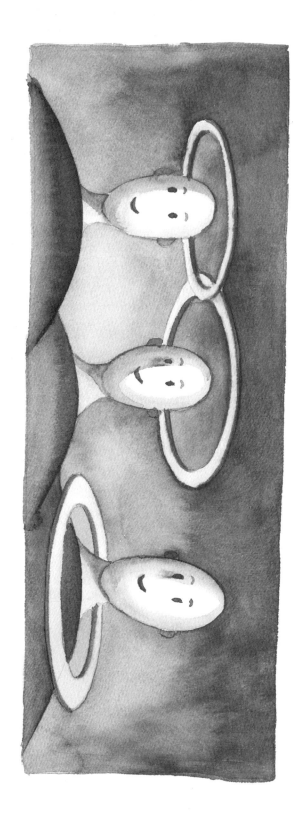

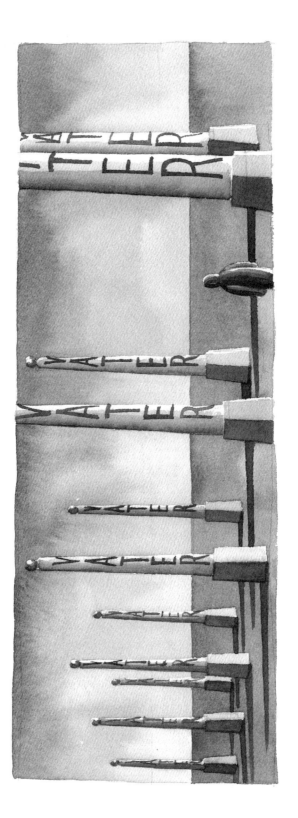

G

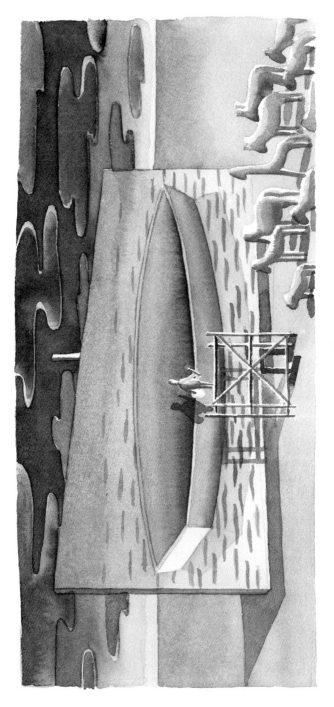

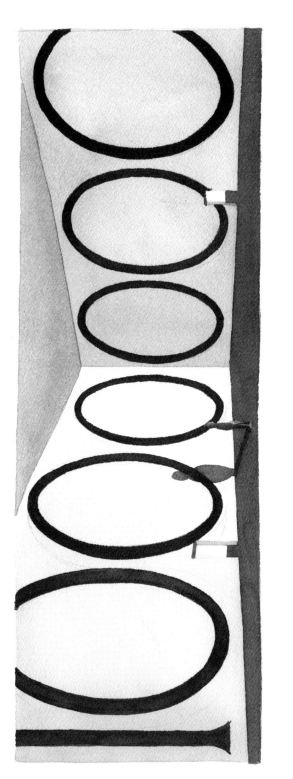

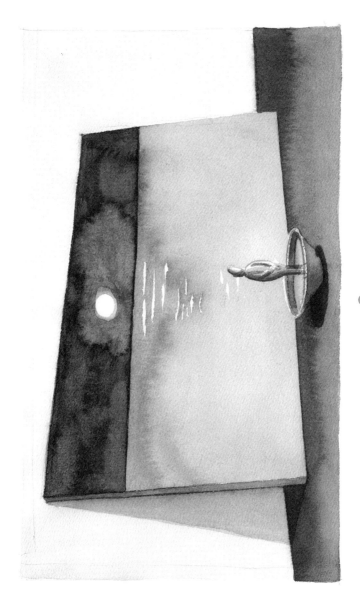

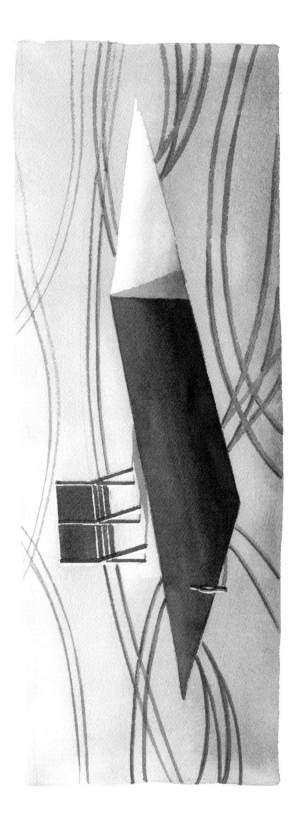

B